Sabine Ruf

BUCKET HATS HÄKELN

Der Fashion
Trend für
lässige Styles

CV

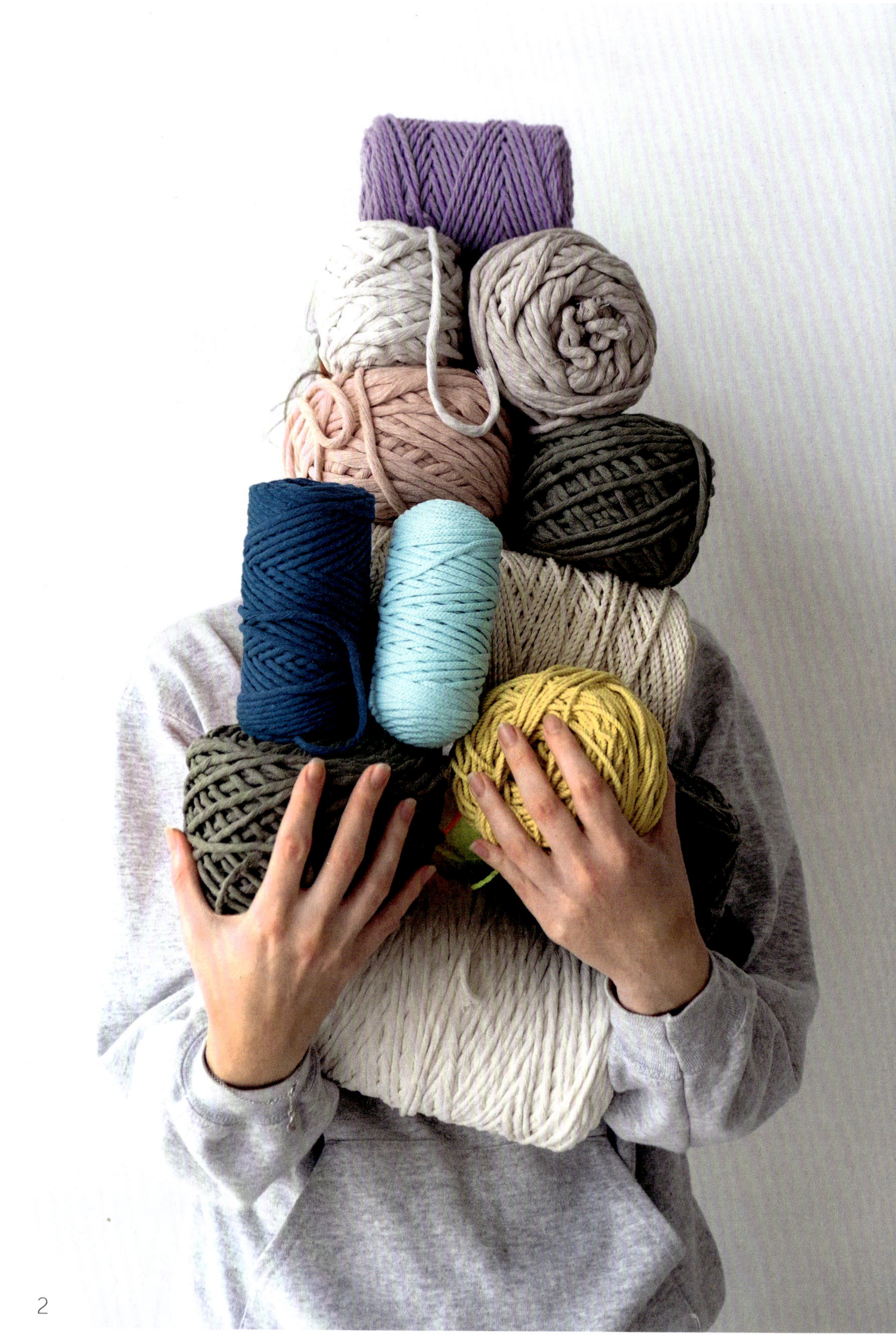

INHALT

VORWORT

Der klassische »Fischerhut«, der Jahrzehnte lang vor allem von Männern getragen wurde und nach und nach auch in der Damen- und Kindermode seine Träger fand, erlebt eine nie dagewesene Renaissance, und das gleich auf mehreren Ebenen.
War sein Image früher eher langweilig und im höchsten Falle zweckmäßig, so ist er heute cool, stylisch, in, angesagt und ein Must-Have, um ein modisches Outfit zu vervollkommnen.

Bekannte Designer-Labels wie Prada, Calvin Klein, Fendi oder Marc O'Polo designen Fischerhüte aus ganz unterschiedlichen Materialien und Mustern.
Wenn sich so viel ändert, dann muss auch ein neuer Name her: BUCKET HAT heißt der hippe Nachfolger des guten alten Fischerhuts.

Mit diesem Buch habe ich diese Idee weitergeführt und mit einer Häkelnadel und vielen tollen Garnen Bucket Hats für Damen und Herren entworfen. Die Muster sind so vielseitig wie die verwendeten Materialien und so ist bestimmt Ihr Lieblingsmodell dabei. Greifen Sie gleich zur Häkelnadel und häkeln Sie sich Ihren ganz individuellen Bucket Hat.

Ganz, ganz viel Freude beim Häkeln wünscht dir

Sabine Ruf

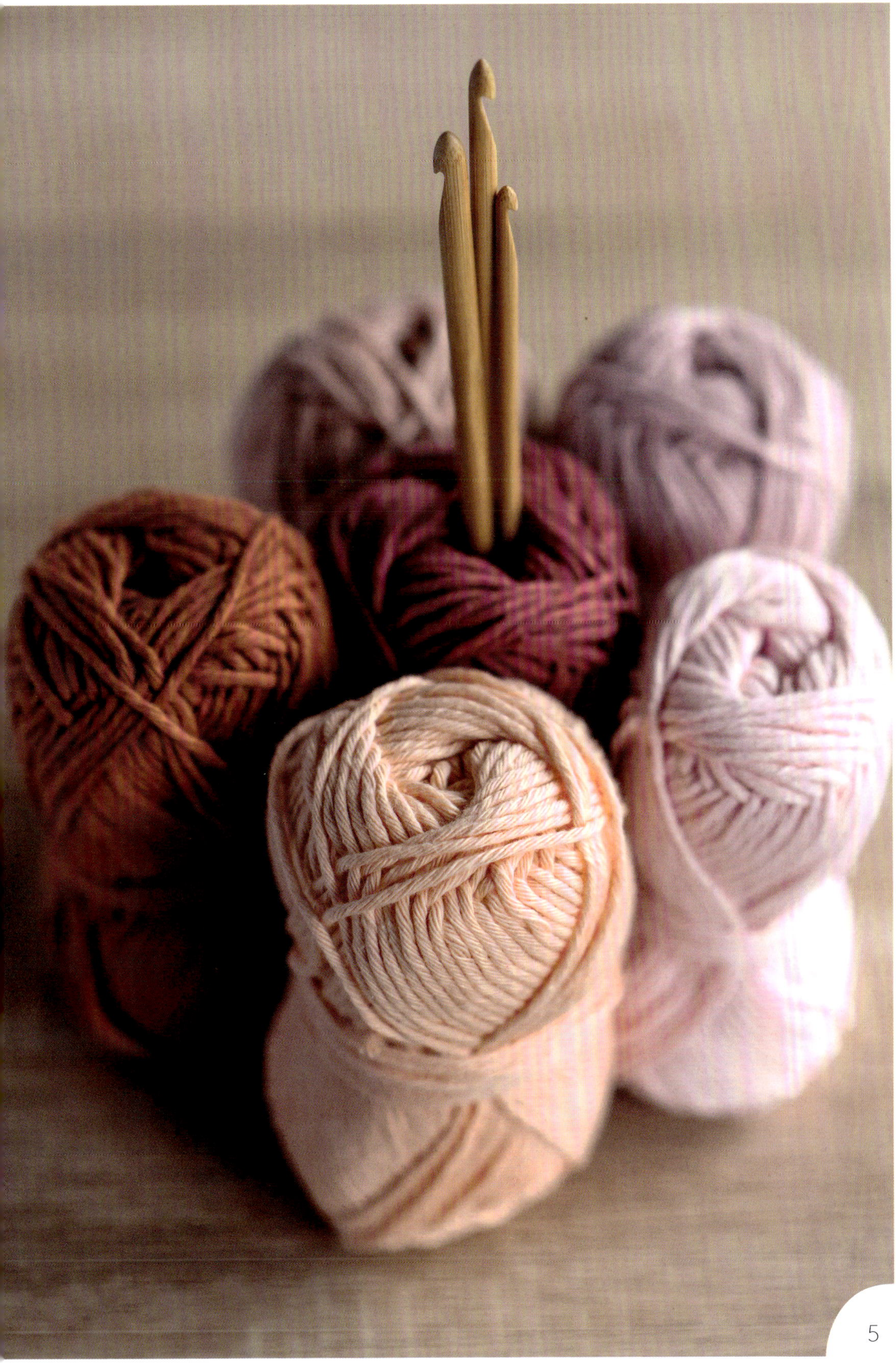

WENDE-HUT

Auch für Männer!

GRÖSSE M UND L

Für einen Kopfumfang von 55–57 cm (Größe M) und 58–60 cm (Größe L).
Die Angaben für Größe L stehen in Klammern. Ist nur eine Angabe gemacht, gilt diese für beide Größen.

MATERIAL

Junghans-Wolle Ribolli (82% Baumwolle, 12% Polyamid/Nylon, 6% Polyester, LL = 110 m/50 g): 100 (150) g Tanne (Farbe 134–183) und 100 (150) g Blau (Farbe 134–176); 1 Häkelnadel 3,5 mm, Nähfaden in passender Farbe, Nähnadel.

HINWEIS: Es werden 2 Hüte gehäkelt, die zusammen einen Wende-Hut ergeben.

FESTE MASCHEN IN RUNDEN

Jede Runde mit 1 Steige-Luftmasche beginnen und mit 1 Kettmasche in die Steige-Luftmasche schließen.

MASCHENPROBE

Feste Maschen mit Häkelnadel 3,5 mm: 21 Maschen × 20 Reihen/Runden = 10 × 10 cm.

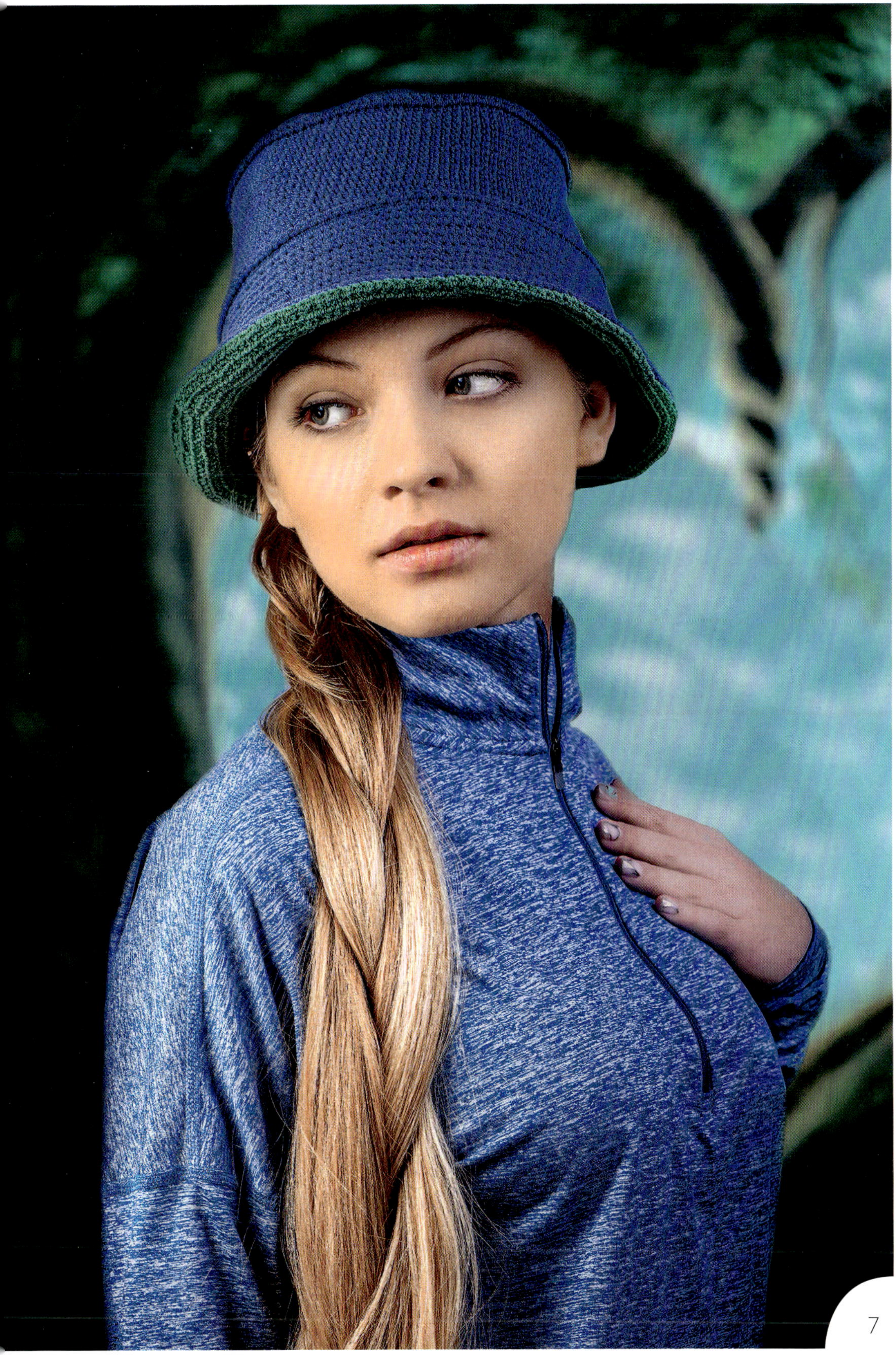

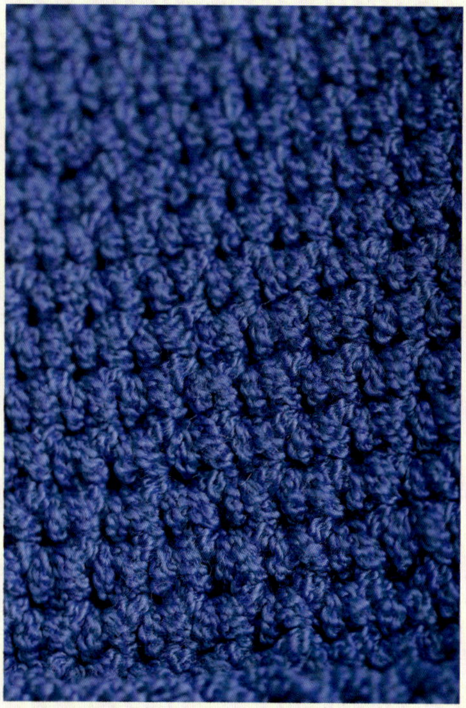

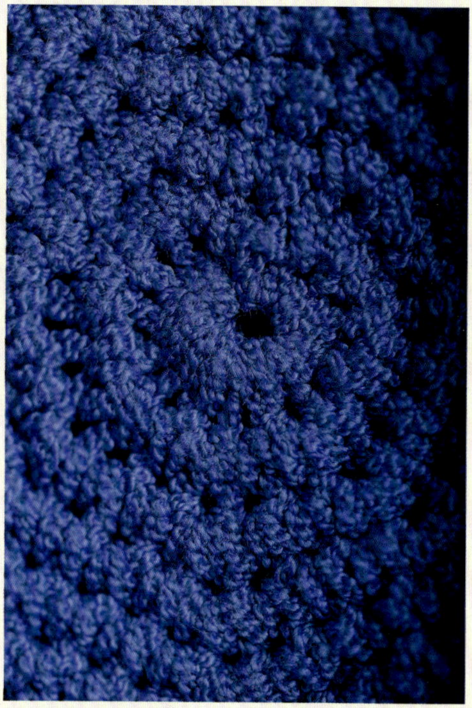

ANLEITUNG

Zuerst den Hut in Tanne häkeln. Der obere, flache Teil des Hutes wird mit festen Maschen gearbeitet. Man beginnt in der Kopfmitte. Einen Fadenring legen und mit Häkelnadel 3,5 mm zuerst 1 Steige-Luftmasche häkeln, dann 14 feste Maschen in den Ring häkeln. Fadenende anziehen, bis sich der Ring schließt. Jede Runde beginnt mit 1 Steige-Luftmasche und endet mit 1 Kettmasche in die Steige-Luftmasche.

1. Runde: Jede 2. Masche verdoppeln = 21 Maschen.

2. Runde: Jede 3. Masche verdoppeln = 28 Maschen.

3. Runde: Jede 4. Masche verdoppeln = 35 Maschen.

4. Runde: Jede 5. Masche verdoppeln = 42 Maschen.

5. Runde: Jede 6. Masche verdoppeln = 49 Maschen.

6. Runde: Jede 7. Masche verdoppeln = 56 Maschen.

7. Runde: Die 4. Masche verdoppeln, dann jede 8. Masche verdoppeln = 63 Maschen.

8. Runde: Jede 9. Masche verdoppeln = 70 Maschen.

9. Runde: Die 5. Masche verdoppeln, dann jede 10. Masche verdoppeln = 77 Maschen.

10. Runde: Jede 11. Masche verdoppeln = 84 Maschen.

11. Runde: Die 6. Masche verdoppeln, dann jede 12. Masche verdoppeln = 91 Maschen.

12. Runde: Jede 13. Masche verdoppeln = 98 Maschen.

13. Runde: Ohne Zunahmen.

14. Runde: Die 7. Masche verdoppeln, dann jede 14. Masche verdoppeln = 105 Maschen.

15. Runde: Ohne Zunahmen.

16. Runde: Jede 15. Masche verdoppeln = 112 Maschen.

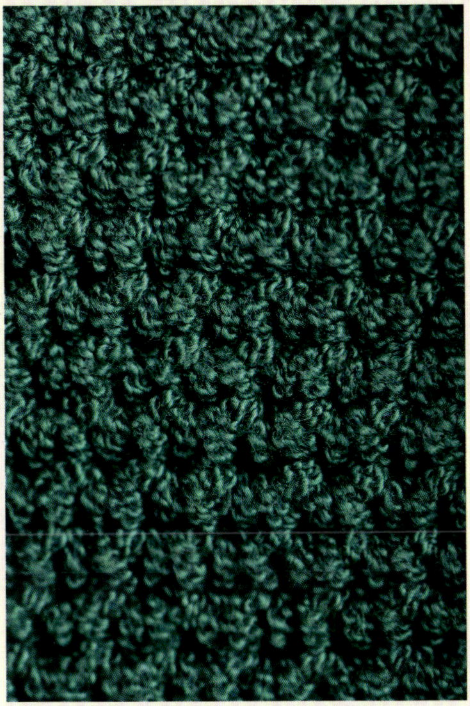

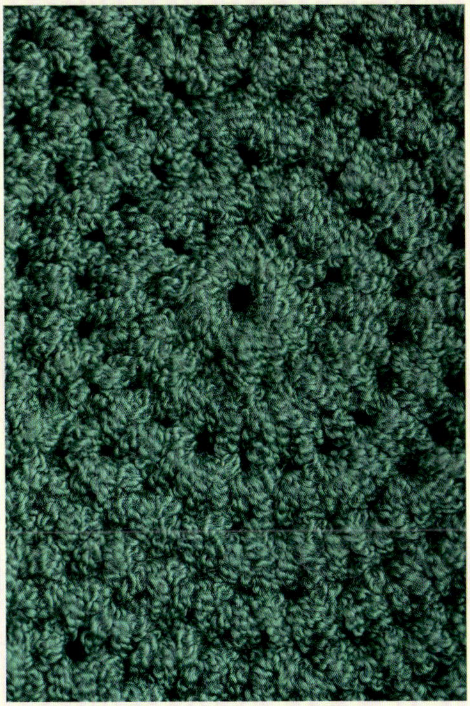

Der obere, flache Teil des Hutes ist beendet. Die letzte Runde markieren. Nun für den geraden Teil des Hutes wie folgt häkeln:

1.–13. Runde: Ohne Zunahmen.
14. Runde: Jede 16. Masche verdoppeln = 119 Maschen.
15. Runde: Ohne Zunahmen.
Nur Größe L: **16. Runde:** Verteilt 3 Maschen verdoppeln = 122 Maschen.
17. und 18. Runde: Ohne Zunahmen.

Der gerade Teil des Hutes ist beendet. Die letzte Runde markieren. Es beginnt nun die Krempe. Von nun an die festen Maschen stets in das hintere halbe Maschenglied der Vorrunde häkeln!

1. Runde: Jede 17. Masche verdoppeln = 126 (129) Maschen.
2. Runde: Ohne Zunahmen.
3. Runde: Die 7. Masche verdoppeln, dann jede 14. Masche verdoppeln = 135 (138) Maschen.
4. Runde: Ohne Zunahmen.
5. Runde: Jede 15. Masche verdoppeln = 144 (147) Maschen.
6. Runde: Ohne Zunahmen.
7. Runde: Die 8. Masche verdoppeln, dann jede 16. Masche verdoppeln = 153 (156) Maschen.
8. Runde: Ohne Zunahmen.
9. Runde: Jede 17. Masche verdoppeln = 162 (165) Maschen.
11.–13. Runde: Ohne Zunahmen.
Arbeit beenden. Den zweiten Hut in Blau ebenso häkeln.

FERTIGSTELLEN

An beiden Hüten zur Betonung der runden Kopfscheibe und der Krempe an den markierten Runden mit der Häkelnadel 3,5 mm 1 Runde feste Maschen häkeln, dafür wie folgt arbeiten: Den Arbeitsfaden auf der Außenseite des Hutes halten, von der Außenseite mit der Häkelnadel um eine feste Masche der markierten Runde herumstechen und 1 feste Masche häkeln. Fäden vernähen. In jeden Hut ein feuchtes Frotteehandtuch einlegen und, auf der flachen Hut-Oberseite liegend, circa 12 Stunden einwirken lassen. Danach Handtuch entfernen und Hut trocknen lassen. Krempe mit dem Dampfbügeleisen vorsichtig dämpfen und mit den Händen leicht ausdehnen. Hüte ineinander stülpen, dabei darauf achten, dass die betonten Runden aus festen Maschen nach dem Wenden des Hutes stets außen liegen. Mit Nähfaden die Hüte am äußeren Rand der Krempe miteinander verbinden.

SCHNITTSKIZZE

Der Pfeil bezeichnet die Häkelrichtung.

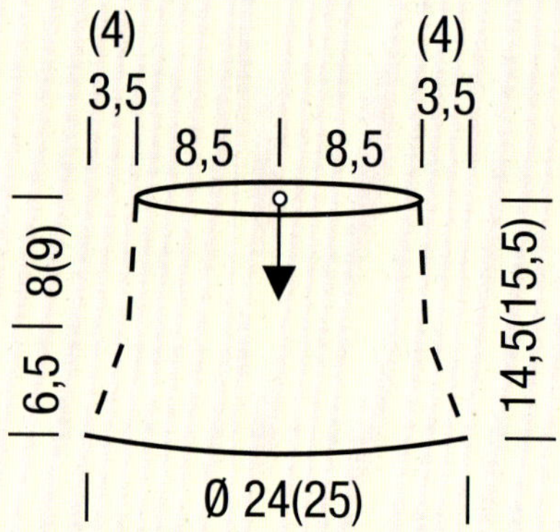

HUTHÄLFTE

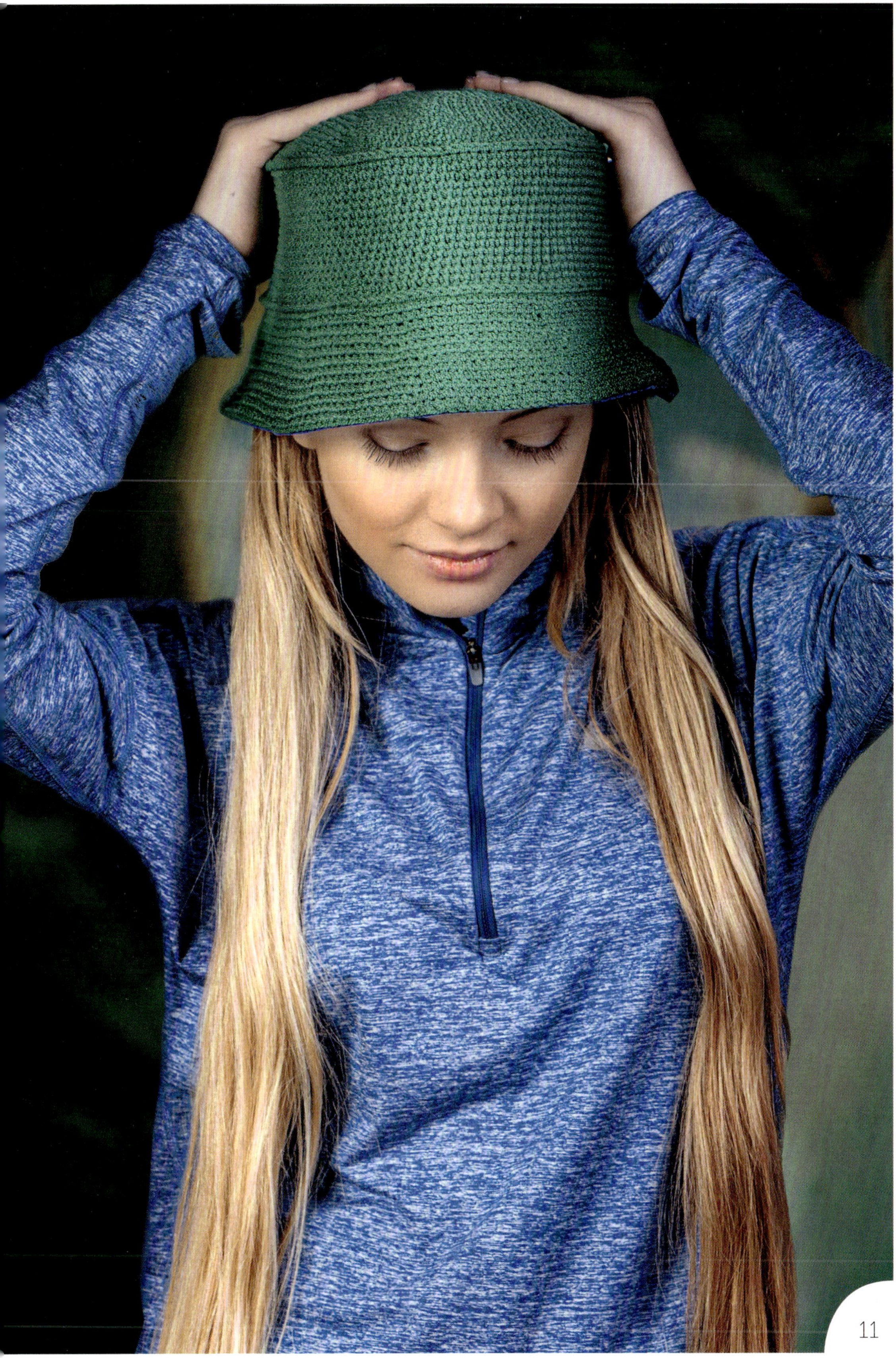

THINK PINK!

Auch für Männer!

GRÖSSE M UND L

Für einen Kopfumfang von 55–57 cm (Größe M) und 58–60 cm (Größe L).
Die Angaben für Größe L stehen in Klammern. Ist nur eine Angabe gemacht, gilt diese für beide Größen.

MATERIAL

Woll Butt Camilla (100% Baumwolle, LL = 125 m/50 g): 100 (150) g Pink (Farbe 99.354.33) und 100 (150) g Bordeaux (Farbe 99.359.80); 1 Häkelnadel 4 mm.

HINWEIS: Der ganze Hut wird doppelfädig gehäkelt!

FESTE MASCHEN IN RUNDEN

Jede Runde mit 1 Steige-Luftmasche beginnen und mit 1 Kettmasche in die Steige-Luftmasche schließen.

FESTE MASCHEN ALS RELIEF VON HINTEN

1 Steige-Luftmasche, 1 feste Masche von hinten: Von hinten nach vorne und wieder nach hinten um die feste Masche der Vorrunde herumstechen und 1 feste Masche häkeln. Die 1. Runde 1 × arbeiten.

MASCHENPROBE

Feste Maschen doppelfädig mit Häkelnadel 4 mm: 18 Maschen × 18,5 Reihen/Runden = 10 × 10 cm.

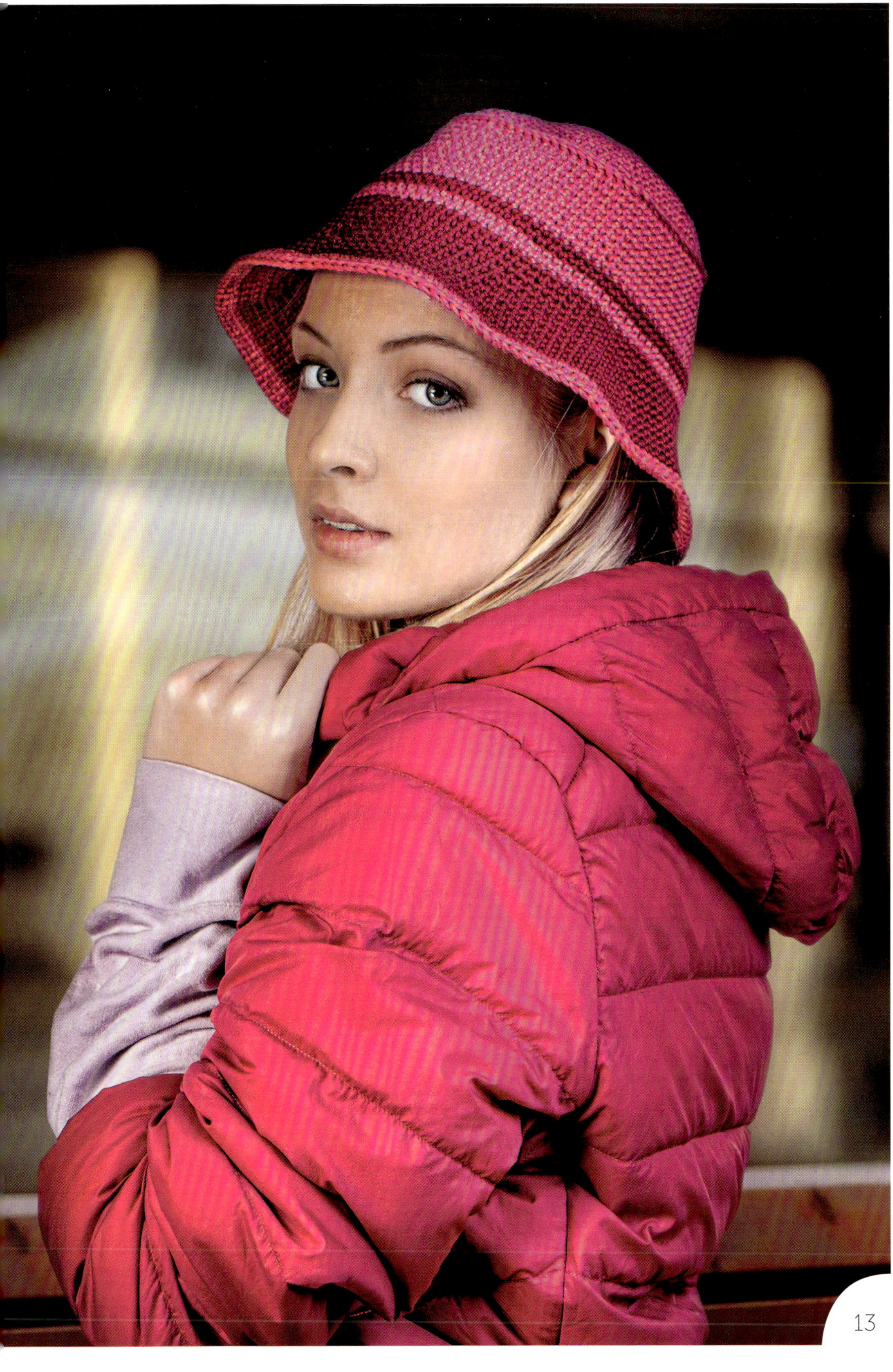

ANLEITUNG

Der obere, flache Teil des Hutes wird mit festen Maschen gearbeitet. Man beginnt in der Kopfmitte. Doppelfädig in Pink Fadenring legen und mit Häkelnadel 4 mm zuerst 1 Steige-Luftmasche, dann 12 feste Maschen in den Ring häkeln. Fadenende anziehen, bis sich der Ring schließt. Jede Runde beginnt mit 1 Steige-Luftmasche und endet mit 1 Kettmasche in die Steige-Luftmasche.

1. Runde: Jede 2. Masche verdoppeln = 18 Maschen.

2. Runde: Jede 3. Masche verdoppeln = 24 Maschen.

3. Runde: Jede 4. Masche verdoppeln = 30 Maschen.

4. Runde: Jede 5. Masche verdoppeln = 36 Maschen.

5. Runde: Jede 6. Masche verdoppeln = 42 Maschen.

6. Runde: Jede 7. Masche verdoppeln = 48 Maschen.

7. Runde: Die 4. Masche verdoppeln, dann jede 8. Masche verdoppeln = 54 Maschen.

8. Runde: Jede 9. Masche verdoppeln = 60 Maschen.

9. Runde: Die 5. Masche verdoppeln, dann jede 10. Masche verdoppeln = 66 Maschen.

10. Runde: Jede 11. Masche verdoppeln = 72 Maschen.

11. Runde: Die 6. Masche verdoppeln, dann jede 12. Masche verdoppeln = 78 Maschen.

12. Runde: Jede 13. Masche verdoppeln = 84 Maschen.

13. Runde: Ohne Zunahmen.

14. Runde: Verteilt 4 (7) Maschen verdoppeln = 88 (91) Maschen.

Nur Größe L: **15. Runde:** Ohne Zunahmen.

Der obere, flache Teil des Hutes ist beendet. Nun für den geraden Teil wie folgt weiterhäkeln:

1. Runde: Feste Masche von hinten als Relief. Es entsteht durch die Relief-Stäbchen ein Rand, der den Übergang vom oberen, flachen Teil des Hutes zum geraden Teil betont. Von nun an weiter feste Maschen häkeln.

2.–9. Runde: Pink, ohne Zunahmen,

10. und 11. Runde: Bordeaux, ohne Zunahmen.

12. Runde: Pink, verteilt 2 (4) Maschen verdoppeln = 90 (95) Maschen.

13. Runde: Pink, ohne Zunahmen.

Nur Größe L: **14. und 15. Runde:** Ohne Zunahmen.

14. und 15. (16. und 17.) Runde: Bordeaux, ohne Zunahmen.

Der gerade Teil des Hutes ist beendet. Die letzte Runde markieren. Es beginnt nun die Krempe.

1. Runde: Bordeaux, jede 5. Masche verdoppeln = 108 (114) Maschen.

2. und 3. Runde: Bordeaux, ohne Zunahmen.

4. Runde: Bordeaux, jede 6. Masche verdoppeln = 126 (133) Maschen.

5. und 6. Runde: Bordeaux (Pink) ohne Zunahmen.

7. Runde: Bordeaux (Pink), jede 7. Masche verdoppeln = 144 (152) Maschen.

Nur Größe L: Arbeit beenden.

Nur Größe M: **8. Runde:** Bordeaux, ohne Zunahmen.

9. und 10. Runde: Pink, ohne Zunahmen. Arbeit beenden.

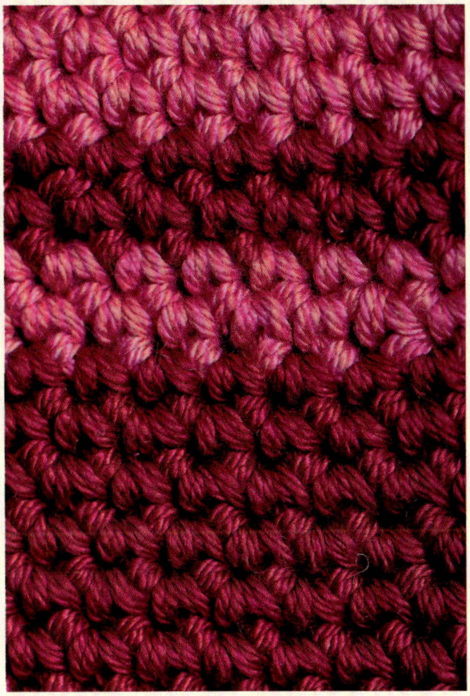

SCHNITTSKIZZE

Der Pfeil bezeichnet die Häkelrichtung.

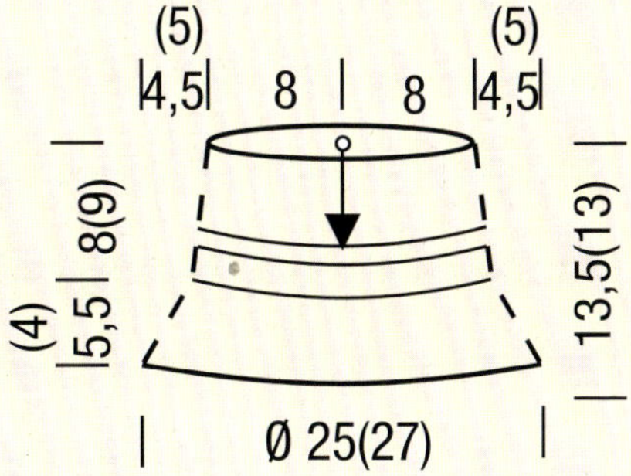

HUTHÄLFTE

FERTIGSTELLEN

Fäden vernähen. Ein feuchtes Frottee-handtuch in den Hut einlegen und, auf der flachen Hut-Oberseite liegend, circa 12 Stunden einwirken lassen. Danach Hand-tuch entfernen und Hut trocknen lassen. Krempe mit dem Dampfbügeleisen vor-sichtig dämpfen und mit den Händen leicht ausdehnen.

CHANEL-STIL

GRÖSSE M

Für einen Kopfumfang von 54–56 cm.

MATERIAL

Rico Design Fashion Alpaca Dream DK (63% Schurwolle, 27% Alpaka, 10% Polyamid, LL = 105 m/25 g):
75 g Schwarz (Farbe 383210.012) und
50 g Creme (Farbe 383210.001); 1 Häkelnadel 3,5 mm und 1 Wollsticknadel.

HINWEIS: Der ganze Hut wird doppelfädig gehäkelt!

GRUNDMUSTER

1. Runde: 2 Steige-Luftmaschen, Stäbchen. Mit 1 Kettmasche in die 2. Steige-Luftmasche Runde schließen. **2. Runde:** 1 Steige-Luftmasche, feste Maschen. Mit 1 Kettmasche in die Steige-Luftmasche Runde schließen. Die 1. und 2. Runde stets wiederholen. **ACHTUNG:** Beim Farbwechsel bereits die Kettmasche am Runden-Ende in der nächsten Farbe arbeiten.

MASCHENPROBE

Grundmuster doppelfädig mit Häkelnadel 3,5 mm, leicht gedehnt gemessen: 17 Maschen × 13 Reihen/Runden = 10 × 10 cm.

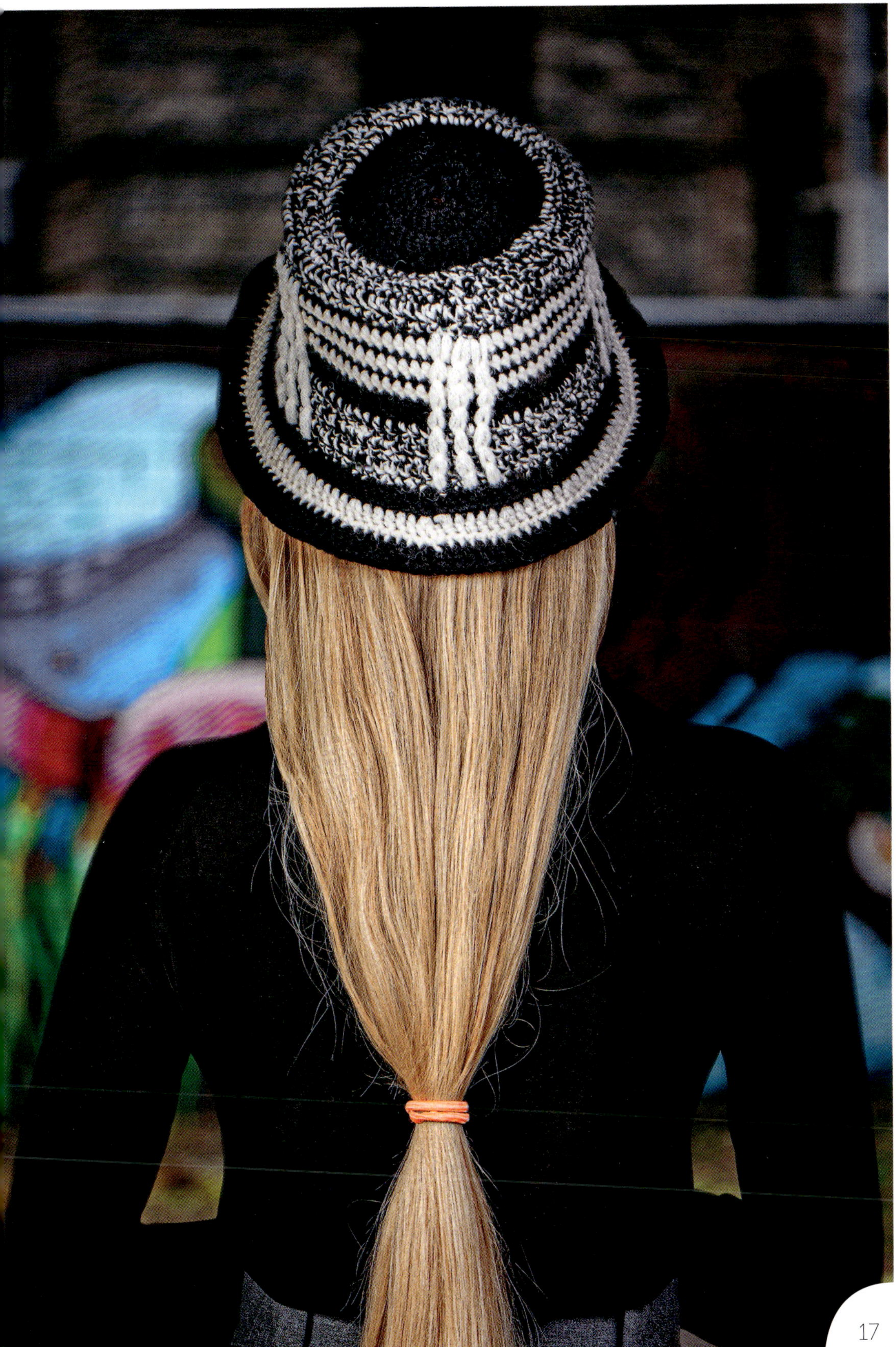

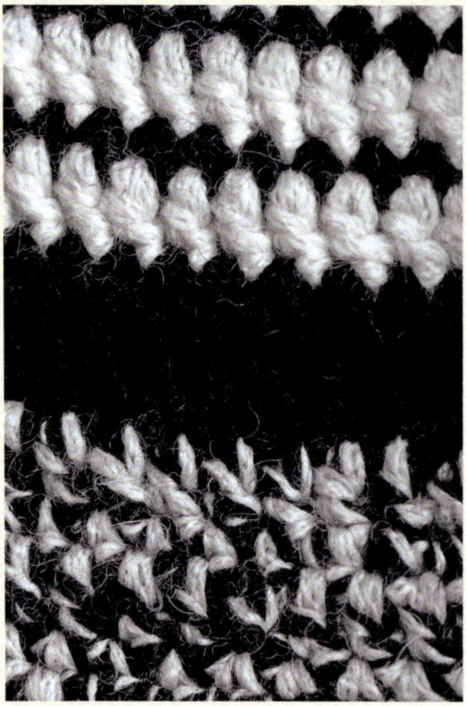

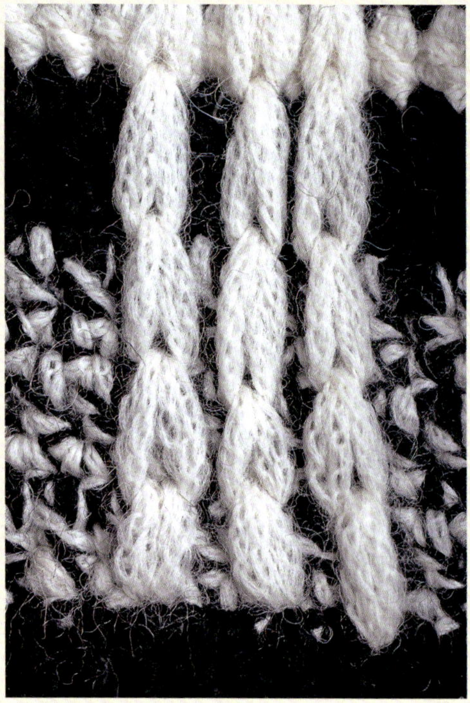

ANLEITUNG

Der gesamte Hut wird im Grundmuster gearbeitet. Man beginnt in der Kopfmitte. In Schwarz doppelfädig Fadenring legen und mit Häkelnadel 3,5 mm zuerst 2 Steige-Luftmaschen häkeln, dann 14 Stäbchen in den Ring häkeln. Fadenende anziehen, bis sich der Ring schließt. **HINWEIS:** Die Zunahmen für die Kopfweite bzw. für die Krempe werden stets in den Runden mit Stäbchen gearbeitet!

1. Runde: Schwarz/Schwarz, Stäbchen, jede Masche verdoppeln = 28 Maschen.

2. Runde: Schwarz/Schwarz, feste Maschen, ohne Zunahmen.

3. Runde: Schwarz/Schwarz, Stäbchen, jede 2. Masche verdoppeln = 42 Maschen.

4. Runde: Schwarz/Schwarz, feste Maschen, ohne Zunahmen.

5. Runde: Schwarz/Schwarz, Stäbchen, jede 3. Masche verdoppeln = 56 Maschen.

6. Runde: Schwarz/Schwarz, feste Maschen, ohne Zunahmen.

7. Runde: Schwarz/Creme, Stäbchen, jede 4. Masche verdoppeln = 70 Maschen.

8. Runde: Schwarz/Creme, feste Maschen, ohne Zunahmen.

9. Runde: Schwarz/Creme, Stäbchen, jede 5. Masche verdoppeln = 84 Maschen.

10. Runde: Schwarz/Creme, feste Maschen, ohne Zunahmen.

11. Runde: Schwarz/Creme, Stäbchen, jede 14. Masche verdoppeln = 90 Maschen.

Der obere, flache Teil des Hutes ist beendet. Markierungsfaden einziehen. Für den geraden Teil wie folgt arbeiten:

1. Runde: Schwarz/Creme, feste Maschen, ohne Zunahmen.

2. Runde: Schwarz/Schwarz, feste Maschen, ohne Zunahmen.

3. Runde: Creme/Creme, Stäbchen, ohne Zunahmen.
4. Runde: Schwarz/Schwarz, feste Maschen, ohne Zunahmen.
5. Runde: Creme/Creme, Stäbchen, ohne Zunahmen.
6. Runde: Schwarz/Schwarz, feste Maschen, ohne Zunahmen.
7. Runde: Creme/Creme, Stäbchen, ohne Zunahmen.
8. Runde: Schwarz/Schwarz, feste Maschen, ohne Zunahmen.
9. Runde: Schwarz/Schwarz, Stäbchen, ohne Zunahmen.
10. Runde: Schwarz/Schwarz, feste Maschen, ohne Zunahmen.
11. Runde: Schwarz/Creme, Stäbchen, ohne Zunahmen.
12. Runde: Schwarz/Creme, feste Maschen, ohne Zunahmen.
13. Runde: Schwarz/Creme, Stäbchen, ohne Zunahmen.
14. Runde: Schwarz/Creme, feste Maschen, ohne Zunahmen.
15. Runde: Schwarz/Creme, Stäbchen, ohne Zunahmen.
16. Runde: Schwarz/Creme, feste Maschen, ohne Zunahmen.
Markierungsfaden einziehen. Es beginnt nun die Krempe.
1. Runde: Schwarz/Schwarz Stäbchen, jede 5. M verdoppeln = 108 Maschen.
2. Runde: Schwarz/Schwarz, feste Maschen, ohne Zunahmen.
3. Runde: Creme/Creme, Stäbchen, jede 6. M verdoppeln = 126 Maschen.
4. Runde: Creme/Creme, feste Maschen, ohne Zunahmen.
5. Runde: Schwarz/Schwarz Stäbchen, jede 7. M verdoppeln = 144 Maschen.
6. Runde: Schwarz/Schwarz, feste Maschen, ohne Zunahmen.
Arbeit beenden.

FERTIGSTELLEN

Zwischen den horizontalen Markierungsfäden senkrechte Linien mit der Wollsticknadel doppelfädig in Creme auf den geraden Teil des Hutes im Kettstich aufsticken. 1 Kettstich über 2 Runden in der Höhe und 1 Masche in der Breite wie folgt aufsticken: * 1 Kettstich, 1 Masche frei lassen, 1 Kettstich, 1 Masche frei lassen, 1 Kettstich, 13 Maschen frei lassen, ab * noch 4 x wiederholen. Man beginnt am 1. Markierungsfaden am oberen Hutrand und stickt zum 2. Markierungsfaden an der Krempe. Beginn ist 2 Maschen vor Runden-Beginn. Tipp: Vor dem Sticken die Maschen, die bestickt werden sollen, markieren. Fäden vernähen. Ein feuchtes Frotteehandtuch in den Hut einlegen und, auf der flachen Hut-Oberseite liegend, circa 12 Stunden einwirken lassen. Danach Handtuch entfernen und Hut trocknen lassen. Krempe mit den Händen leicht ausdehnen.

SCHNITTSKIZZE

Der Pfeil bezeichnet die Häkelrichtung.

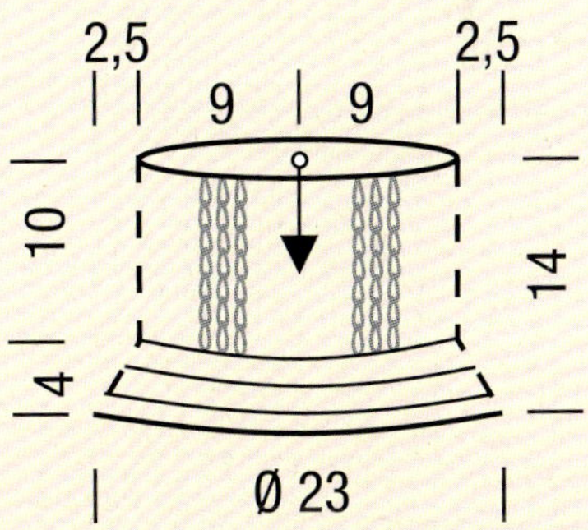

HUTHÄLFTE

PATCHWORK OPTIK

GRÖSSE M

Für einen Kopfumfang von 54–56 cm.

MATERIAL

Junghans-Wolle Bandana (50% Baumwolle, 50% Polyester, LL = 90 m/50 g): 50 g Hellblau (Farbe 105–306), 50 g Jeans meliert (Farbe 249–946) und 50 g Marine (Farbe 109–445); 1 Häkelnadel 3,5 mm.

FESTE MASCHEN IN RUNDEN

Feste Maschen, dabei stets in das hintere halbe Maschenglied einstechen. Jede Runde mit 1 Steige-Luftmasche beginnen und mit 1 Kettmasche in die Steige-Luftmasche schließen.

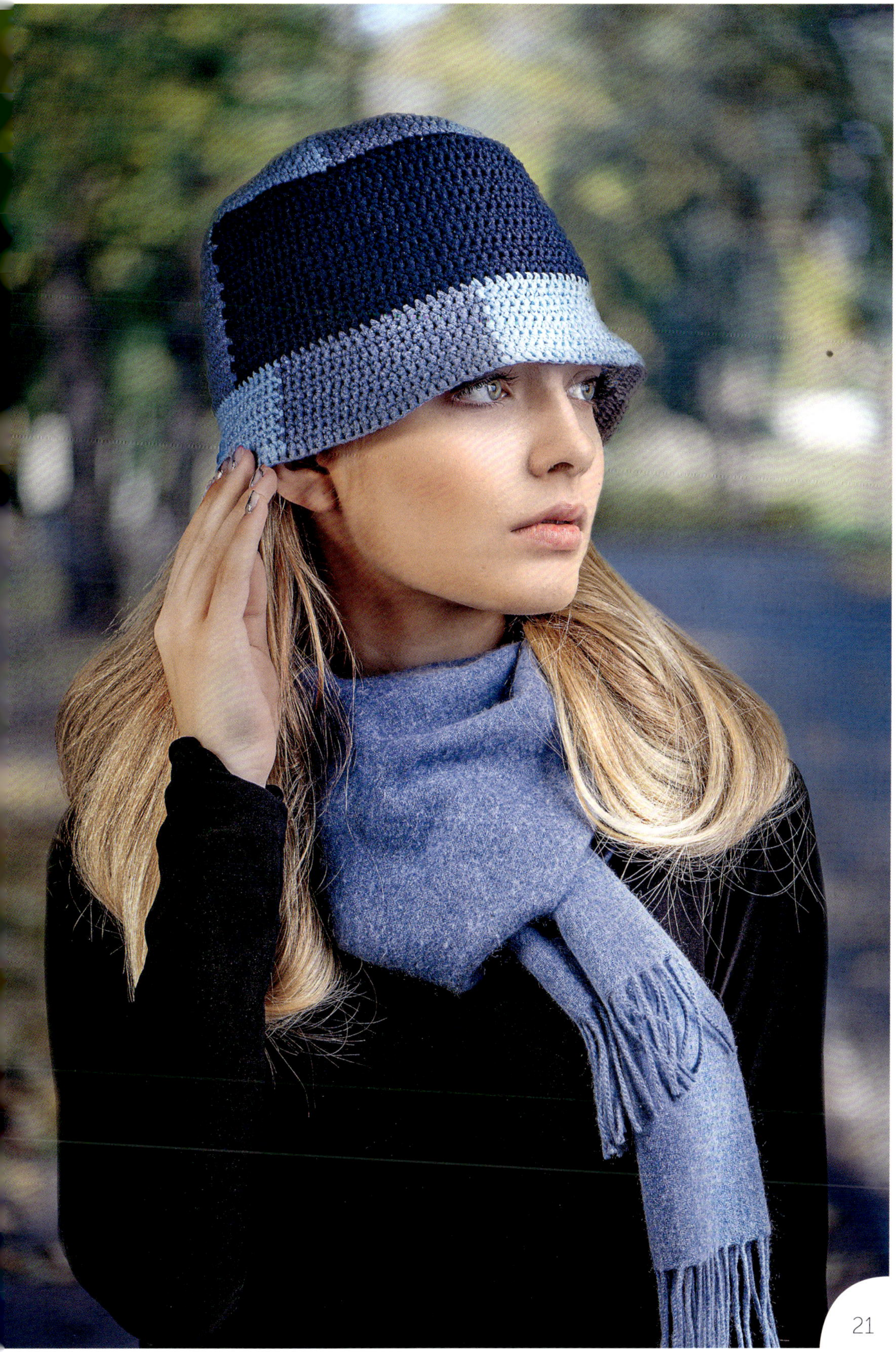

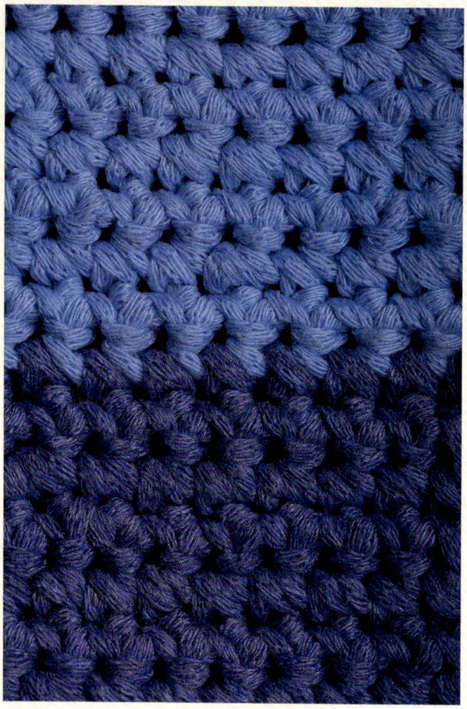

RELIEF-STÄBCHEN VON VORNE

2 Steige-Luftmaschen, 1 Umschlag auf die Nadel nehmen, von vorne nach hinten und wieder nach vorne um die feste Masche der Vorrunde herumstechen und 1 Stäbchen häkeln.

INTARSIENTECHNIK

Es wird mit mehreren Knäueln ohne Spannfäden gearbeitet. Beim Farbwechsel Fäden auf der Innenseite der Arbeit miteinander verkreuzen und beim Weiterhäkeln fest anziehen, damit keine Löcher entstehen.

MASCHENPROBE

Feste Maschen mit Häkelnadel 3,5 mm:
19 Maschen x 21 Reihen/Runden
= 10 x 10 cm.

ANLEITUNG

Der gesamte Hut wird mit festen Maschen gearbeitet. Man beginnt in der Kopfmitte. Doppelfädig in Hellblau Fadenring legen und mit Häkelnadel 3,5 mm 1 Luftmasche häkeln, dann 6 feste Maschen Hellblau und 6 feste Maschen Jeans meliert in den Ring häkeln. Fadenende anziehen, bis sich der Ring schließt. Jede Runde beginnt mit 1 Steige-Luftmasche und endet mit 1 Kettmasche in die Steige-Luftmasche. Nach jeder Runde Arbeit wenden, somit wird abwechselnd auf der Außen- und auf der Innenseite der Arbeit gehäkelt. Der Faden der zuletzt gehäkelten Farbfläche kann wieder aufgenommen werden. In Intarsientechnik häkeln. Für den runden, 2-farbigen Kopfteil gleichmäßig viele Maschen pro Farbfläche zunehmen.

1. Runde: Jede 2. Masche verdoppeln = 9 Maschen Hellblau und 9 Maschen Jeans meliert = insgesamt 18 Maschen.
2. Runde: Jede 3. Masche verdoppeln = 12 Maschen Hellblau und 12 Maschen Jeans meliert = insgesamt 24 Maschen.
3. Runde: Jede 4. Masche verdoppeln = 30 Maschen.
4. Runde: Jede 5. Masche verdoppeln = 36 Maschen.
5. Runde: Jede 6. Masche verdoppeln = 42 Maschen.
6. Runde: Jede 7. Masche verdoppeln = 48 Maschen.
7. Runde: Jede 8. Masche verdoppeln = 54 Maschen.
8. Runde: Jede 9. Masche verdoppeln = 60 Maschen.

9. Runde: Jede 10. Masche verdoppeln = 66 Maschen.
10. Runde: Jede 11. Masche verdoppeln = 72 Maschen.
11. Runde: Ohne Zunahmen.
12. Runde: Jede 12. Masche verdoppeln = 78 Maschen.
13. Runde: Ohne Zunahmen.
14. Runde: Jede 13. Masche verdoppeln = 84 Maschen.
15. Runde: Ohne Zunahmen.
16. Runde: Jede 14. Masche verdoppeln = 90 Maschen.
17. Runde: In jeder Farbfläche verteilt je 3 Maschen zunehmen = 96 Maschen.

Der obere, flache Teil des Hutes ist beendet. Für den geraden Teil wie folgt weiterarbeiten:
1. Runde: Auf der Außenseite Relief-Stäbchen von vorne in folgender Farbflächeneinteilung häkeln: 32 Maschen Jeans meliert, 38 Maschen Marine, 26 Maschen Hellblau = 96 Maschen. Es entsteht durch die Relief-Stäbchen ein Rand, der den Übergang vom oberen, flachen Teil des Hutes zum geraden Teil betont. Von nun an feste Maschen in der gegebenen Einteilung der Farben arbeiten.
2.–5. Runde: Ohne Zunahmen.
6. Runde: Innerhalb der 3 großen Farbflächen jeweils 1 Masche verdoppeln = 99 Maschen.
7.–10. Runde: Ohne Zunahmen.
11. Runde: In der 1. Farbfläche verteilt 2 x 1 M verdoppeln, in der 2. und 3. Farbfläche jeweils 1 x 1 M verdoppeln = 103 Maschen.
12.–17. Runde: Ohne Zunahmen.

Der gerade Teil des Hutes ist beendet. Es beginnt nun die Krempe.
1. Runde: Feste Maschen in folgender Farbflächeneinteilung häkeln: 16 Maschen Marine, 26 Maschen Hellblau, 18 Maschen Jeans meliert, 23 Maschen Hellblau, 15 Maschen Jeans meliert, 5 Maschen Marine = 103 Maschen.
2. Runde: Ohne Zunahmen.
3. Runde: In jeder Farbfläche verteilt je 2 Maschen verdoppeln = 10 zugenommene Maschen = 113 Maschen.
4. Runde: Ohne Zunahmen.
5. Runde: In jeder Farbfläche verteilt je 2 Maschen verdoppeln = 10 zugenommene Maschen = 123 Maschen.
6. Runde: Ohne Zunahmen.
7. Runde: In jeder Farbfläche verteilt je 2 Maschen verdoppeln = 10 zugenommene Maschen = 133 Maschen.
8.–12. Runde: Ohne Zunahmen.
Arbeit beenden.

FERTIGSTELLEN

Fäden vernähen. Ein feuchtes Frotteehandtuch in den Hut einlegen und, auf der flachen Hut-Oberseite liegend, circa 12 Stunden einwirken lassen. Danach Handtuch entfernen und Hut trocknen lassen. Hutkrempe mit dem Dampfbügeleisen dämpfen und mit den Händen dehnen und formen.

SCHNITTSKIZZE

Der Pfeil bezeichnet die Häkelrichtung.

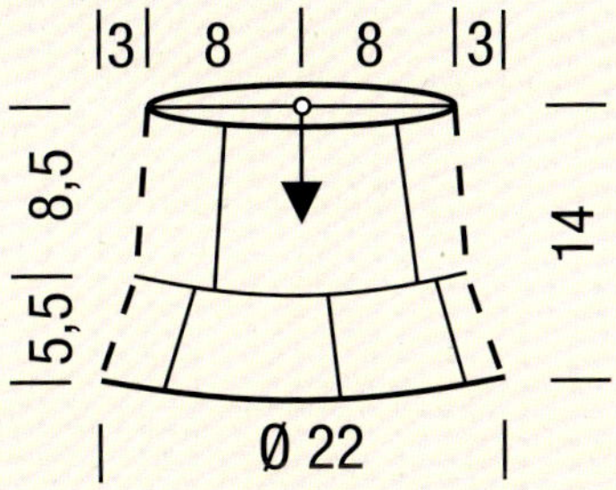

HUTHÄLFTE

PEACE

GRÖSSE M

Für einen Kopfumfang von 54–56 cm.

MATERIAL

Lana Grossa Organico (100% Bio Baumwolle, Lauflänge 90 m/50 g): 100 g Jeansblau (Farbe 57), 50 g Taubenblau (Farbe 101), 100 g Camel (Farbe 141) und 50 g Beige (Farbe 100); 1 Häkelnadel 4 mm und 1 Wollsticknadel.

FESTE MASCHEN IN RUNDEN

Feste Maschen, dabei stets in das hintere halbe Maschenglied einstechen. Jede Runde mit 1 Steige-Luftmasche beginnen und mit 1 Kettmasche in die Steige-Luftmasche schließen.

JACQUARDMUSTER

Maschen-Zahl teilbar durch 4. Siehe Zählmuster 1. 1 Kästchen = 1 Masche und 1 Runde.

PEACE -ZEICHEN

Maschen-Zahl teilbar durch 13. Siehe Zählmuster 2. 1 Kästchen = 1 Masche und 1 Runde.

MASCHENPROBE

Feste Maschen mit Häkelnadel 4 mm:
19 Maschen × 18 Reihen/Runden
= 10 × 10 cm.

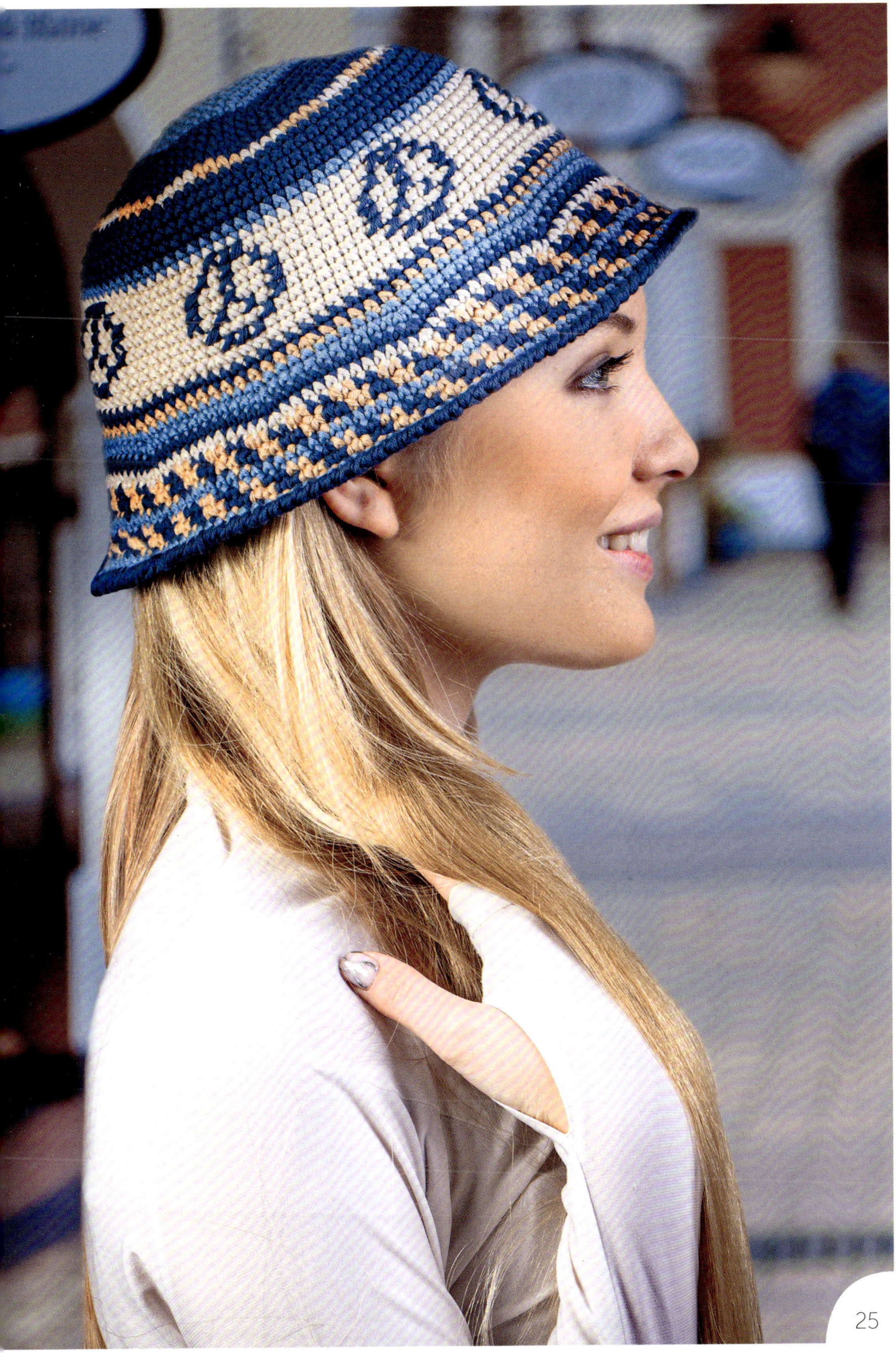

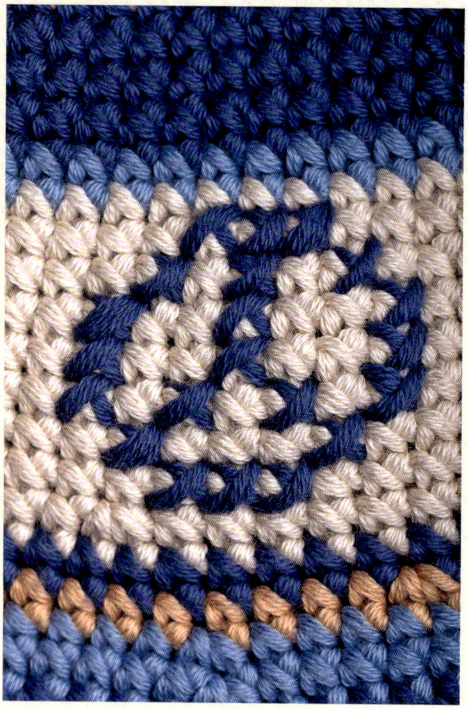

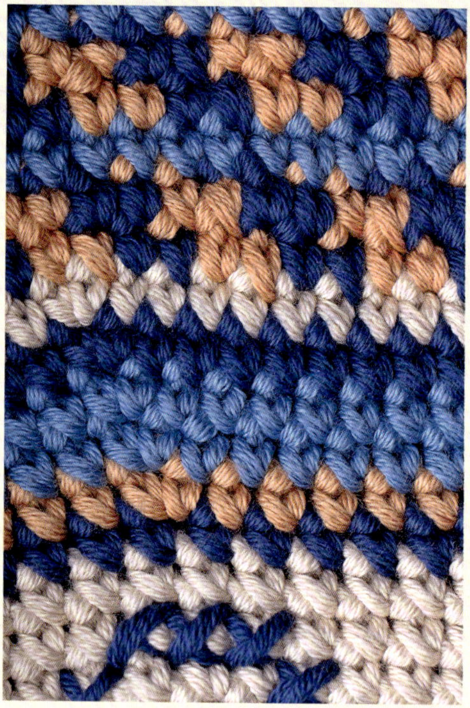

ANLEITUNG

Der gesamte Hut wird mit festen Maschen gearbeitet. Man beginnt in der Kopfmitte. In Taubenblau Fadenring legen und mit Häkelnadel 4 mm zuerst 1 Steige-Luftmasche häkeln, dann 12 feste Maschen in den Ring häkeln. Fadenende anziehen, bis sich der Ring schließt. Jede Runde beginnt mit 1 Steige-Luftmasche und endet mit 1 Kettmasche in die Steige-Luftmasche.

1. Runde: Taubenblau, jede 2. Masche verdoppeln = 18 Maschen.

2. Runde: Taubenblau, jede 3. Masche verdoppeln = 24 Maschen.

3. Runde: Taubenblau, jede 4. Masche verdoppeln = 30 Maschen.

4. Runde: Taubenblau, jede 5. Masche verdoppeln = 36 Maschen.

5. Runde: Taubenblau, jede 6. Masche verdoppeln = 42 Maschen.

6. Runde: Taubenblau, jede 7. Masche verdoppeln = 48 Maschen.

7. Runde: Jeansblau, jede 8. Masche verdoppeln = 54 Maschen.

8. Runde: Jeansblau, jede 9. Masche verdoppeln = 60 Maschen.

9. Runde: Jeansblau, jede 6. Masche verdoppeln = 70 Maschen.

10. Runde: Jeansblau, jede 7. Masche verdoppeln = 80 Maschen.

11. Runde: Jeansblau, jede 10. Masche verdoppeln = 88 Maschen.

12. Runde: Ohne Zunahmen, 4 Maschen Beige, 4 Maschen Camel im Wechsel.

13.–15. Runde: Jeansblau, ohne Zunahmen.

Der obere, flache Teil des Hutes ist beendet. Markierungsfaden einziehen. Für den geraden Teil wie folgt weiterarbeiten:

1. Runde: Taubenblau, verteilt 3 Maschen verdoppeln = 91 Maschen.

2.–9. Runde: Beige, ohne Zunahmen. Hier wird später das PEACE-Zeichen im Kreuzstich aufgestickt, deshalb diese 8 Runden markieren.
10. Runde: Beige, verteilt 5 Maschen verdoppeln = 96 Maschen.
11. Runde: Jeansblau, ohne Zunahmen.
12. Runde: Camel, 4 x jede 24. Masche verdoppeln = 100 Maschen.

Der gerade Teil des Hutes ist beendet. Es beginnt nun die Krempe.
1. Runde: Taubenblau, jede 10. Masche verdoppeln = 110 Maschen.
2. Runde: Taubenblau, jede 11. Masche verdoppeln = 120 Maschen.
3. Runde: Jeansblau, jede 12. Masche verdoppeln = 130 Maschen.
4. Runde: Beige, jede 13. Masche verdoppeln = 140 Maschen.
5.–10. Runde: Siehe Jacquardmuster 1.
11. Runde: Jeansblau, Krebsmaschen (= feste Maschen von links nach rechts).
Arbeit beenden.

FERTIGSTELLEN

Insgesamt 7 mal das PEACE Zeichen nach Zählmuster 2 im Kreuzstich in Jeansblau über die 2.–9. Runde des geraden Teils aufsticken. 1 Kreuzstich = 1 Reihe hoch und 1 Masche breit. Fäden vernähen. Ein feuchtes Frotteehandtuch in den Hut einlegen und, auf der flachen Hut-Oberseite liegend, circa 12 Stunden einwirken lassen. Danach Handtuch entfernen und Hut trocknen lassen. Krempe mit den Händen leicht ausdehnen und mit dem Dampfbügeleisen vorsichtig dämpfen.

SCHNITTSKIZZE

Der Pfeil bezeichnet die Häkelrichtung.

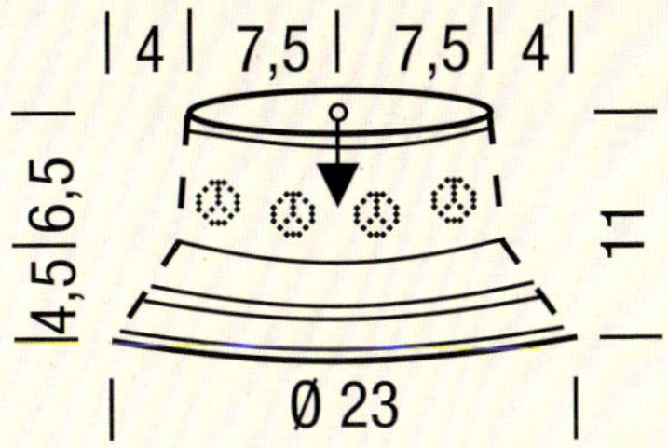

HUTHÄLFTE

Zählmuster 1

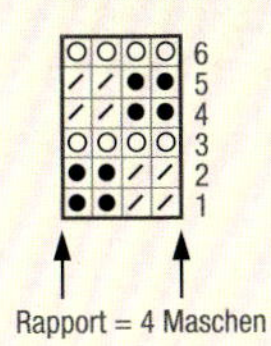

Zählmuster 2

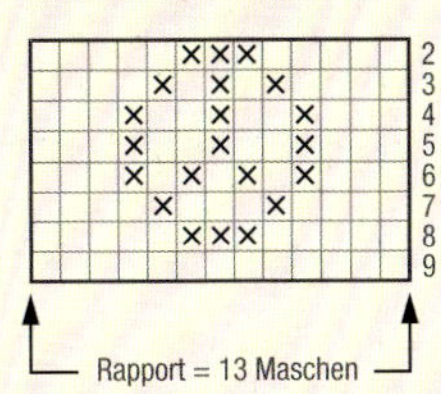

Zeichenerklärung:
☐ = 1 feste Masche Beige
⧄ = 1 feste Masche Camel
⊡ = 1 feste Masche Jeansblau
⧇ = 1 feste Masche Taubenblau
☒ = 1 Kreuzstich Jeansblau

LUREXEFFEKT

GRÖSSE M

Für einen Kopfumfang von 54–56 cm.

MATERIAL

Lana Grossa Ecopuno (72% Baumwolle, 17% Schurwolle (Merino), 11% Alpaka (Baby), Lauflänge 215 m/50 g): 150 g Karamell (Farbe 65), und Lana Grossa Brillino (83% Viskose, 17% Metallische Faser (Lurex), Lauflänge 200 m/25 g): 100 g Camel/Gold (Farbe 4); 1 Häkelnadel 4 mm.

HINWEIS: Der ganze Hut wird stets 5-fädig mit je 2 Fäden Ecopuno und 3 Fäden Brillino gearbeitet.

FESTE MASCHEN IN RUNDEN

Jede Runde mit 1 Steige-Luftmasche beginnen und mit 1 Kettmasche in die Steige-Luftmasche schließen.

RELIEF-STÄBCHEN VON VORNE

2 Steige-Luftmaschen, 1 Relief-Stäbchen von vorne = 1 Umschlag, auf die Nadel nehmen, von vorne nach hinten und wieder nach vorne um das Stäbchen der Vorrunde herumstechen und 1 Stäbchen häkeln.

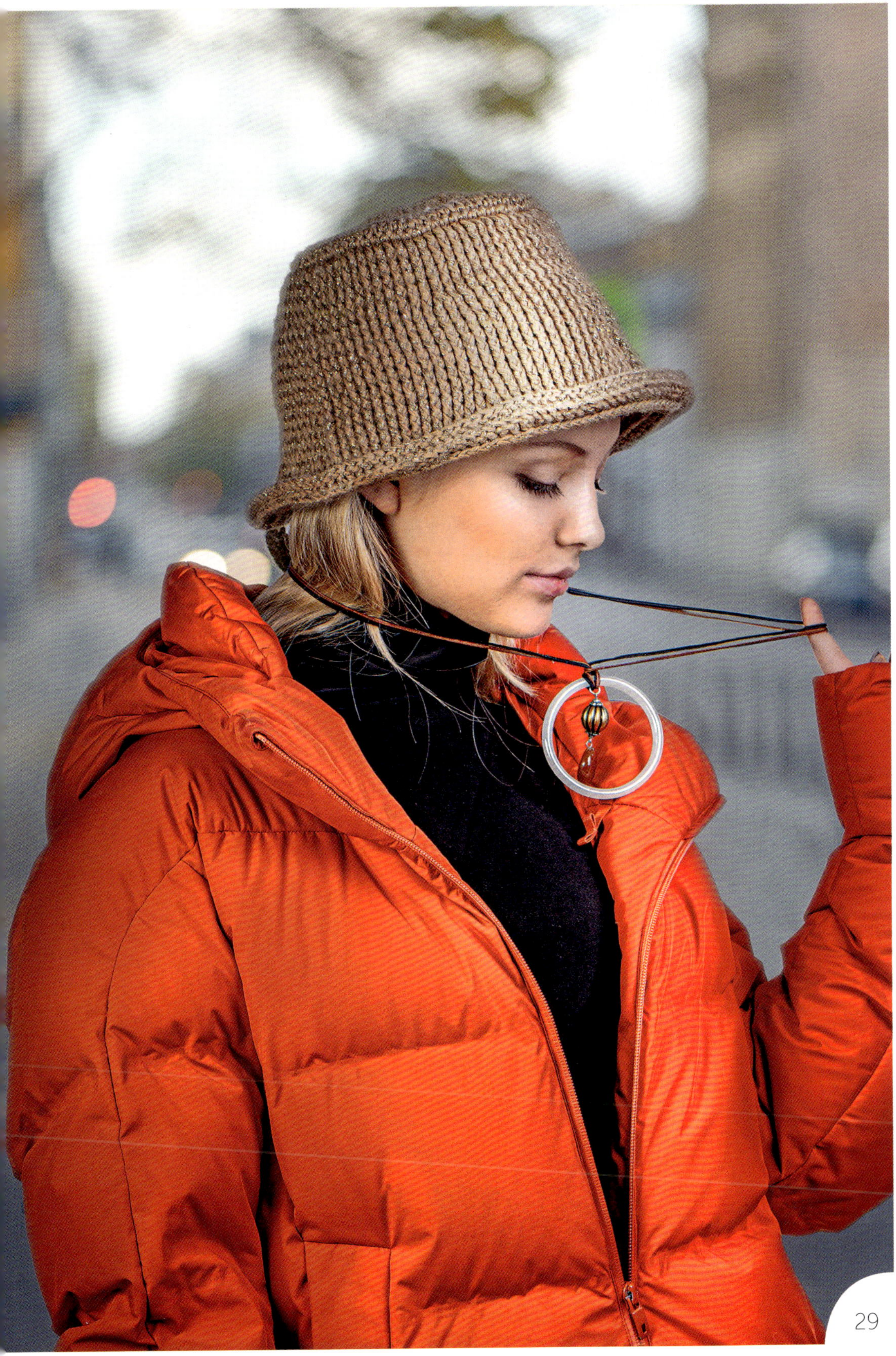

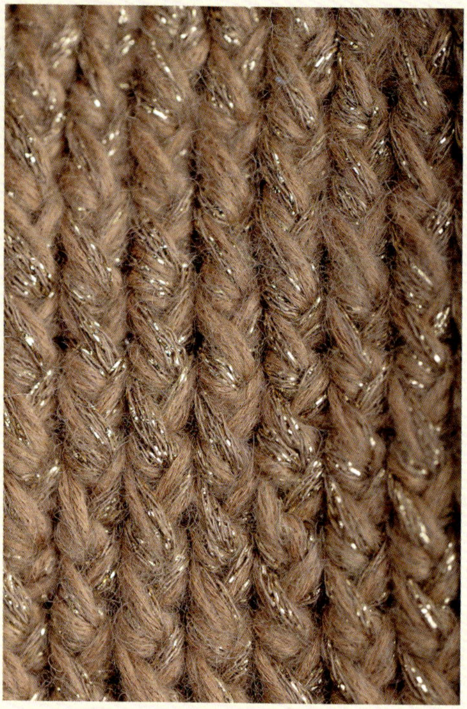

MASCHENPROBE

Feste Maschen 5-fädig mit Häkelnadel 4 mm: 16 Maschen x 17 Reihen/Runden = 10 x 10 cm
Relief-Stäbchen 5-fädig mit Häkelnadel 4 mm: 17 Maschen x 12 Reihen/Runden = 10 x 10 cm

ANLEITUNG

Der obere, flache Teil des Hutes wird mit festen Maschen gearbeitet. Man beginnt in der Kopfmitte. Einen Fadenring legen und mit Häkelnadel 4 mm 1 Luftmasche häkeln, dann 12 feste Maschen in den Ring häkeln. Fadenende anziehen, bis sich der Ring schließt. Jede Runde beginnt mit 1 Steige-Luftmasche und endet mit 1 Kettmasche in die Steige-Luftmasche.

1. Runde: Jede 2. Masche verdoppeln = 18 Maschen.
2. Runde: Jede 3. Masche verdoppeln = 24 Maschen.
3. Runde: Jede 4. Masche verdoppeln = 30 Maschen.
4. Runde: Jede 5. Masche verdoppeln = 36 Maschen.
5. Runde: Jede 6. Masche verdoppeln = 42 Maschen.
6. Runde: Jede 7. Masche verdoppeln = 48 Maschen.
7. Runde: Jede 8. Masche verdoppeln = 54 Maschen.
8. Runde: Jede 9. Masche verdoppeln = 60 Maschen.
9. Runde: Jede 10. Masche verdoppeln = 66 Maschen.
10. Runde: Jede 11. Masche verdoppeln = 72 Maschen.
11. Runde: Jede 12. Masche verdoppeln = 78 Maschen.
12. Runde: Ohne Zunahmen.

Der obere, flache Teil des Hutes ist beendet. Für den geraden Teil von nun an Relief-Stäbchen von vorne häkeln, dabei jede Runde mit 2 Steige-Luftmaschen beginnen und mit 1 Kettmasche in die letzte Steige-Luftmasche schließen. In der 1. Runde Relief-Stäbchen die Stäbchen um die festen Maschen der letzten Runde häkeln.
1.–5. Runde: Ohne Zunahmen.
6. Runde: Jede 13. Masche verdoppeln = 84 Maschen.
7.–12. Runde: Ohne Zunahmen.

Der gerade Teil des Hutes ist beendet. Die letzte Runde markieren. Es beginnt nun die Krempe. Weiter Relief-Stäbchen von vorne arbeiten.
1. Runde: Jede 14. Masche verdoppeln = 90 Maschen.
2. Runde: Jede 15. Masche verdoppeln = 96 Maschen.
3. Runde: Jede 16. Masche verdoppeln = 102 Maschen.

4. Runde: Jede 17. Masche verdoppeln = 108 Maschen.
5. Runde: Jede 18. Masche verdoppeln = 114 Maschen.
6. Runde: Jede 19. Masche verdoppeln = 120 Maschen.
7. Runde: Jede 20. Masche verdoppeln = 126 Maschen.
8. Runde: Ohne Zunahmen.
Arbeit beenden.

FERTIGSTELLEN

Fäden vernähen. Ein feuchtes Frotteehandtuch in den Hut einlegen und, auf der flachen Hut-Oberseite liegend, circa 12 Stunden einwirken lassen. Danach Handtuch entfernen und Hut trocknen lassen. Hutkrempe vorsichtig mit dem Dampfbügeleisen dämpfen und mit den Händen leicht ausdehnen.

SCHNITTSKIZZE

Der Pfeil bezeichnet die Häkelrichtung.

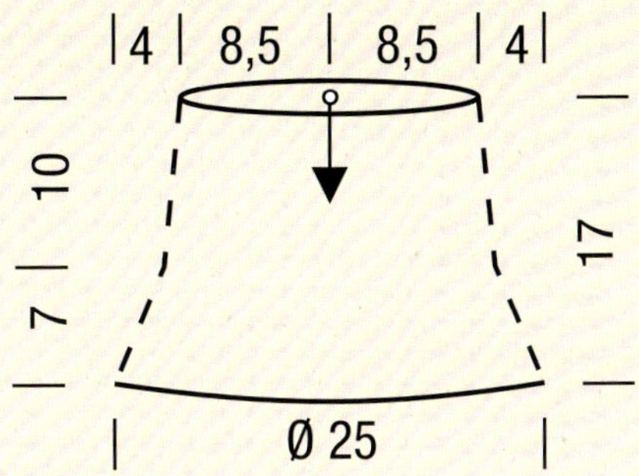

HUTHÄLFTE

CAMOUFLAGE

Auch für Männer!

GRÖSSE M UND L

Für einen Kopfumfang von 55–57 cm (Größe M) und 58–60 cm (Größe L).
Die Angaben für Größe L stehen in Klammern. Ist nur eine Angabe gemacht, gilt diese für beide Größen.

MATERIAL

Woll Butt Sonja (100% Baumwolle, LL = 170 m/50 g): 100 g Grün Batik Color (Farbe 99.128.21), 100 g Oliv (Fb 99.100.388) und 50 g Taupe (Fb 99.102.658); 1 Häkelnadel 3,5 mm.

HINWEIS: Der ganze Hut wird doppelfädig gehäkelt!

FESTE MASCHEN IN RUNDEN

Feste Maschen, dabei stets in das hintere halbe Maschenglied einstechen. Jede Runde mit 1 Steige-Luftmasche beginnen und mit 1 Kettmasche in die Steige-Luftmasche schließen.

FESTE MASCHEN VON HINTEN ALS RELIEF

1 Steige-Luftmasche, 1 feste Masche von hinten: Von hinten nach vorne und wieder nach hinten um die feste Masche der Vorrunde herumstechen und 1 feste Masche häkeln.

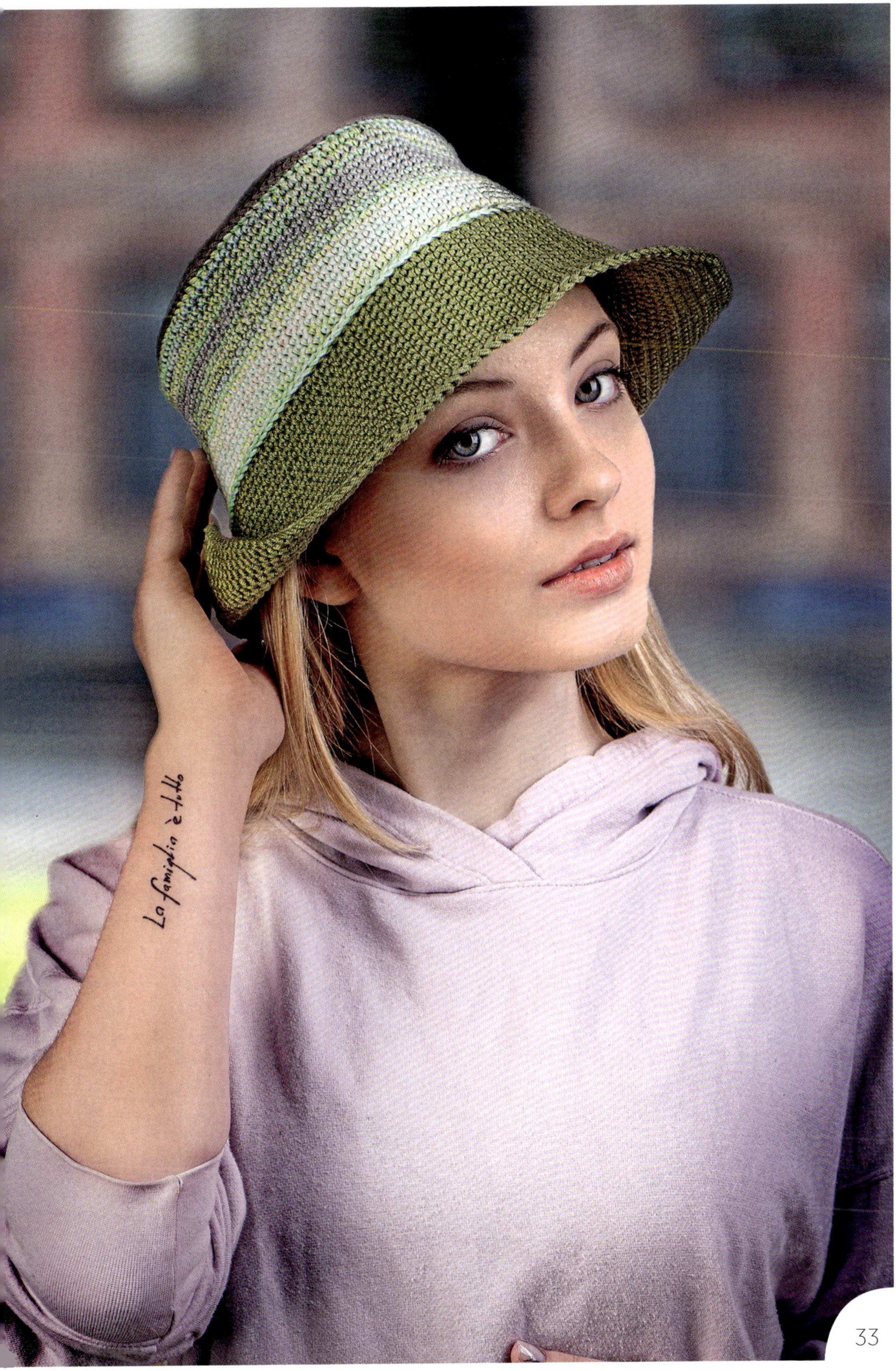
La famiglia è tutto

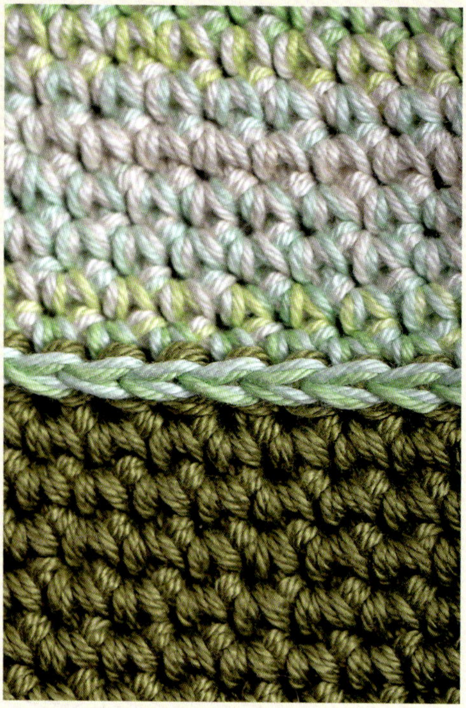

MASCHENPROBE

Feste Maschen doppelfädig mit Häkelnadel 3,5 mm: 21 Maschen × 23 Reihen/Runden = 10 × 10 cm

ANLEITUNG

Der obere, flache Teil des Hutes wird mit festen Maschen gearbeitet. Man beginnt in der Kopfmitte. Doppelfädig in Taupe einen Fadenring legen und mit Häkelnadel 3,5 mm 1 Luftmasche häkeln, dann 12 feste Maschen in den Ring häkeln. Fadenende anziehen, bis sich der Ring schließt. Jede Runde beginnt mit 1 Steige-Luftmasche und endet mit 1 Kettmasche in die Steige-Luftmasche.
1. Runde: Jede 2. Masche verdoppeln = 18 Maschen.
2. Runde: Jede 3. Masche verdoppeln = 24 Maschen.
3. Runde: Jede 4. Masche verdoppeln = 30 Maschen.
4. Runde: Jede 5. Masche verdoppeln = 36 Maschen.
5. Runde: Die 3. Masche verdoppeln, dann jede 6. Masche verdoppeln = 42 Maschen.
6. Runde: Jede 7. Masche verdoppeln = 48 Maschen.
7. Runde: Die 4. Masche verdoppeln, dann jede 8. Masche verdoppeln = 54 Maschen.
8. Runde: Jede 9. Masche verdoppeln = 60 Maschen.
9. Runde: Die 5. Masche verdoppeln, dann jede 10. Masche verdoppeln = 66 Maschen.
10. Runde: Jede 11. Masche verdoppeln = 72 Maschen.
11. Runde: Die 6. Masche verdoppeln, dann jede 12. Masche verdoppeln = 78 Maschen.
12. Runde: Jede 13. Masche verdoppeln = 84 Maschen.
13. Runde: Die 7. Masche verdoppeln, dann jede 14. Masche verdoppeln = 90 Maschen.
14. Runde: Jede 15. Masche verdoppeln = 96 Maschen.
15. Runde: Die 8. Masche verdoppeln, dann jede 16. Masche verdoppeln = 102 Maschen.
16. Runde: Jede 17. Masche verdoppeln = 108 Maschen.
17. Runde: Ohne Zunahmen.

Der obere, flache Teil des Hutes ist beendet. Für den geraden Teil wie folgt weiterarbeiten:
1. Runde: In Grün Batik Color doppelfädig feste Maschen von hinten als Reflief. Es entsteht ein Rand, der den Übergang vom oberen, flachen Teil des Hutes zum geraden Teil betont. Von nun an feste Maschen arbeiten.
2.–10. Runde: Ohne Zunahmen.
11. Runde: Verteilt 3 × je 1 Masche verdoppeln = 111 Maschen.
12.–15. Runde: Ohne Zunahmen.

16. Runde: Verteilt 4 × je 1 Masche verdoppeln = 115 Maschen.
17. und 18. Runde: Ohne Zunahmen.

Der gerade Teil des Hutes ist beendet. Es beginnt nun die Krempe mit festen Maschen in Oliv doppelfädig.
1. Runde: Ohne Zunahmen.
2. Runde: Ohne Zunahmen.
3. Runde Jede 23. Masche verdoppeln = 120 Maschen.
4. Runde: Ohne Zunahmen.
5. Runde: Die 12. Masche verdoppeln, dann jede 24. Masche verdoppeln = 125 Maschen.
6. Runde: Ohne Zunahmen.
7. Runde: Jede 25. Masche verdoppeln = 130 Maschen.
8. Runde: Ohne Zunahmen.
9. Runde: Die 13. Masche verdoppeln, dann jede 26. Masche verdoppeln = 135 Maschen.
10. Runde: Ohne Zunahmen.
11. Runde: Jede 27. Masche verdoppeln = 140 Maschen.
12. Runde: Ohne Zunahmen.
13. Runde: Die 14. Masche verdoppeln, dann jede 28. Masche verdoppeln = 145 Maschen.
14. Runde: Ohne Zunahmen.
15. Runde: Jede 29. Masche verdoppeln = 150 Maschen.
16. Runde: Ohne Zunahmen.
17. Runde: Die 15. Masche verdoppeln, dann jede 30. Masche verdoppeln = 155 Maschen.
18. Runde: Ohne Zunahmen.
19. Runde: Jede 31. Masche verdoppeln = 160 Maschen.
20.–22. Runde: Ohne Zunahmen.
Arbeit beenden.

FERTIGSTELLEN

Am Übergang vom geraden Teil zur Hutkrempe in Grün Batik Color doppelfädig mit Häkelnadel 3,5 mm 1 Reihe Kettmaschen häkeln. Fäden vernähen. Ein feuchtes Frotteehandtuch in den Hut einlegen und, auf der flachen Hut-Oberseite liegend, circa 12 Stunden einwirken lassen. Danach Handtuch entfernen und Hut trocknen lassen. Hutkrempe mit dem Dampfbügeleisen dämpfen und formen.

SCHNITTSKIZZE

Der Pfeil bezeichnet die Häkelrichtung

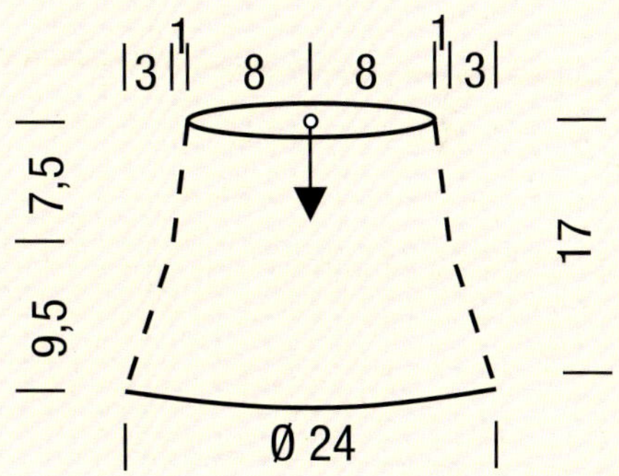

HUTHÄLFTE

STATEMENT

GRÖSSE M

Für einen Kopfumfang von 54–56 cm.

MATERIAL

Lana Grossa Capri (55% Baumwolle, 30% Polyamid, 15% Seide, Lauflänge 150 m/50 g): 100 g Ozeanblau (Farbe 15) und 100 g Hellbeige (Farbe 30); je 1 Häkelnadel 3,5 mm und 4 mm.

HINWEIS: Der ganze Hut wird doppelfädig gehäkelt!

FESTE MASCHEN IN RUNDEN

Jede Runde mit 1 Steige-Luftmasche beginnen und mit 1 Kettmasche in die Steige-Luftmasche schließen.

JACQUARDMUSTER

Maschen-Zahl teilbar durch 9. Siehe Zählmuster. Es ist jede Runde gezeichnet. Beim Farbwechsel den nicht in Arbeit befindlichen Faden mit den festen Maschen des in Arbeit befindlichen Fadens umhäkeln. Die 1.–9. Runde stets wiederholen.

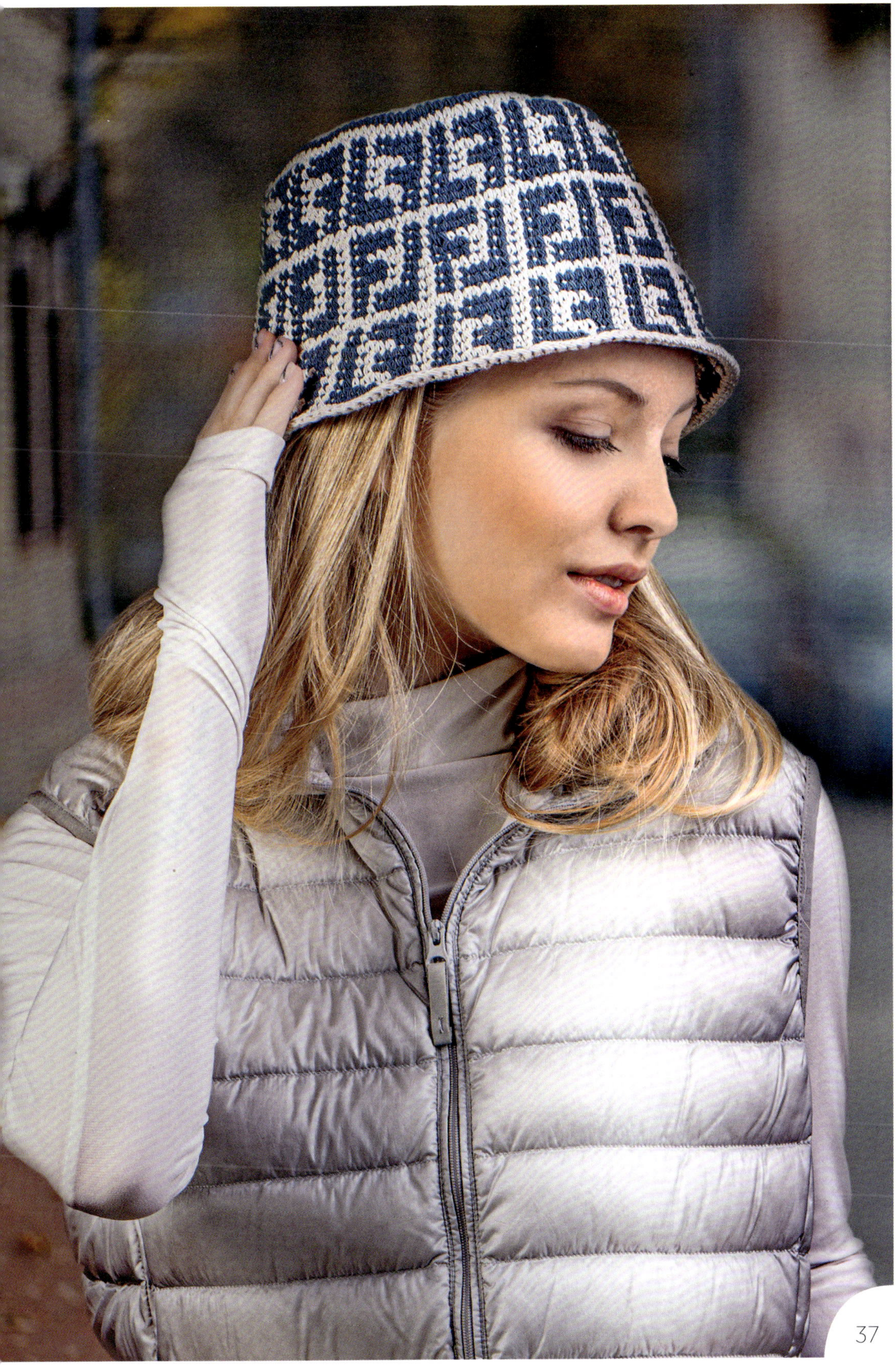

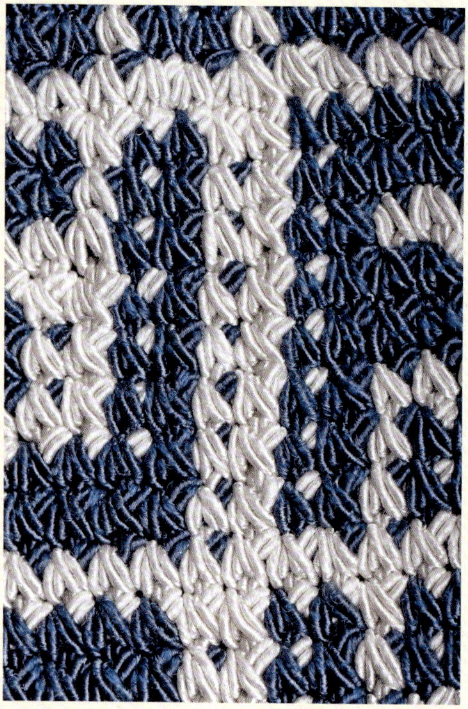

STREIFENFOLGE

1 Runde Hellbeige, 1 Runde Ozeanblau im Wechsel.

MASCHENPROBE

Feste Maschen doppelfädig mit Häkelnadel 3,5 mm: 24 Maschen × 20 Reihen/ Runden = 10 × 10 cm

ANLEITUNG

Der gesamte Hut wird mit festen Maschen gearbeitet. Man beginnt in der Kopfmitte. Doppelfädig in Ozeanblau einen Fadenring und mit Häkelnadel 3,5 mm 1 Luftmasche häkeln, dann 12 feste Maschen in den Ring häkeln. Fadenende anziehen, bis sich der Ring schließt. Jede Runde beginnt mit 1 Steige-Luftmasche und endet mit 1 Kettmasche in die Steige-Luftmasche. Für den oberen, flachen Teil des Hutes feste Maschen nach Streifenfolge häkeln.

1. Runde: Hellbeige, jede 2. Masche verdoppeln = 18 Maschen.

2. Runde Ozeanblau, jede 3. Masche verdoppeln = 24 Maschen.

3. Runde: Hellbeige, jede 4. Masche verdoppeln = 30 Maschen.

4. Runde: Ozeanblau, jede 5. Masche verdoppeln = 36 Maschen.

5. Runde: Hellbeige, die 3. Masche verdoppeln, dann jede 6. Masche verdoppeln = 42 Maschen.

6. Runde: Ozeanblau, jede 7. Masche verdoppeln = 48 Maschen.

7. Runde: Hellbeige, die 4. Masche verdoppeln, dann jede 8. Masche verdoppeln = 54 Maschen.

8. Runde: Ozeanblau, jede 9. Masche verdoppeln = 60 Maschen.

9. Runde: Hellbeige, jede 6. Masche verdoppeln = 70 Maschen.

10. Runde: Ozeanblau, jede 7. Masche verdoppeln = 80 Maschen.

11. Runde: Hellbeige, die 4. Masche verdoppeln, dann jede 8. Masche verdoppeln = 90 Maschen.

12. Runde: Ozeanblau, jede 9. Masche verdoppeln = 100 Maschen.

13. Runde Hellbeige, die 5. Masche verdoppeln, dann jede 10. Masche verdoppeln = 110 Maschen.

14. Runde: Ozeanblau, jede 11. Masche verdoppeln = 120 Maschen.

15. Runde: Hellbeige, jede 20. Masche verdoppeln = 126 Maschen.

Der obere, flache Teil des Hutes ist beendet. Im Jacquardmuster weiterhäkeln = 14 Rapporte. Beim Farbwechsel den nicht in Arbeit befindlichen Faden mit den festen Maschen des in Arbeit befindlichen Fadens umhäkeln und locker mitführen, damit die

Maschen nicht zusammengezogen werden. Laut Zählmuster in der 9. und 14. Runde Jacquardmuster in jedem 2. Rapport 7 × 1 Masche verdoppeln = 140 Maschen. Nach 18 Runden Jacquardmuster für die Krempe mit Häkelnadel 4 mm weiterhäkeln und die 19.–27. Runde Jacquardmuster 1 × arbeiten, dabei in der 27. Runde in Hellbeige einen separaten Faden Hellbeige mitführen und diesen mit den festen Maschen umhäkeln.

FERTIGSTELLEN

Fäden vernähen. Hutkrempe mit dem Dampfbügeleisen dämpfen und dehnen. Ein feuchtes Frotteehandtuch in den Hut einlegen und, auf der flachen Hut-Oberseite liegend, circa 12 Stunden einwirken lassen. Danach Handtuch entfernen und Hut trocknen lassen.

SCHNITTSKIZZE

Der Pfeil bezeichnet die Häkelrichtung.

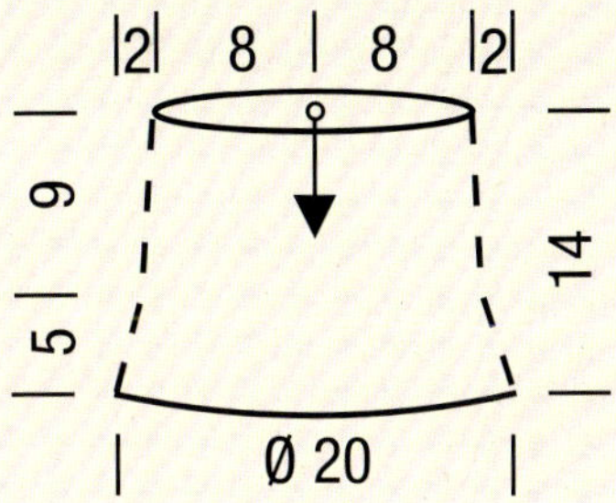

HUTHÄLFTE

Zählmuster

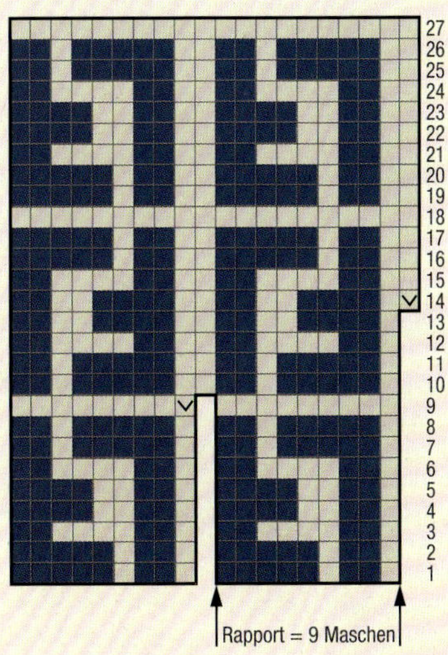

Zeichenklärung:
- ☐ = Hellbeige
- ■ = Ozeanblau
- ☑ = 1 M verdoppeln

REGENBOGEN-FARBEN

Auch für Männer!

GRÖSSE M UND L

Für einen Kopfumfang von 55–57 cm (Größe M) und 58–60 cm (Größe L).
Die Angaben für Größe L stehen in Klammern. Ist nur eine Angabe gemacht, gilt diese für beide Größen.

MATERIAL

Woll Butt Camilla (100% Baumwolle, Lauflänge 125 m/50 g): 50 g Rot (Farbe 99.354.42), 50 g Orange (Farbe 99.354.43), 50 g Altrosa (Farbe 99.104.42), 50 g Lila (Farbe 99.218.76), 50 g Grün (Farbe 99.359.33), 50 g Aqua (Farbe 99.240.39) und 50 g Gelb (Farbe 99.354.36); 1 Häkelnadel 3,5 mm.

HINWEIS: Der ganze Hut wird doppelfädig gehäkelt!

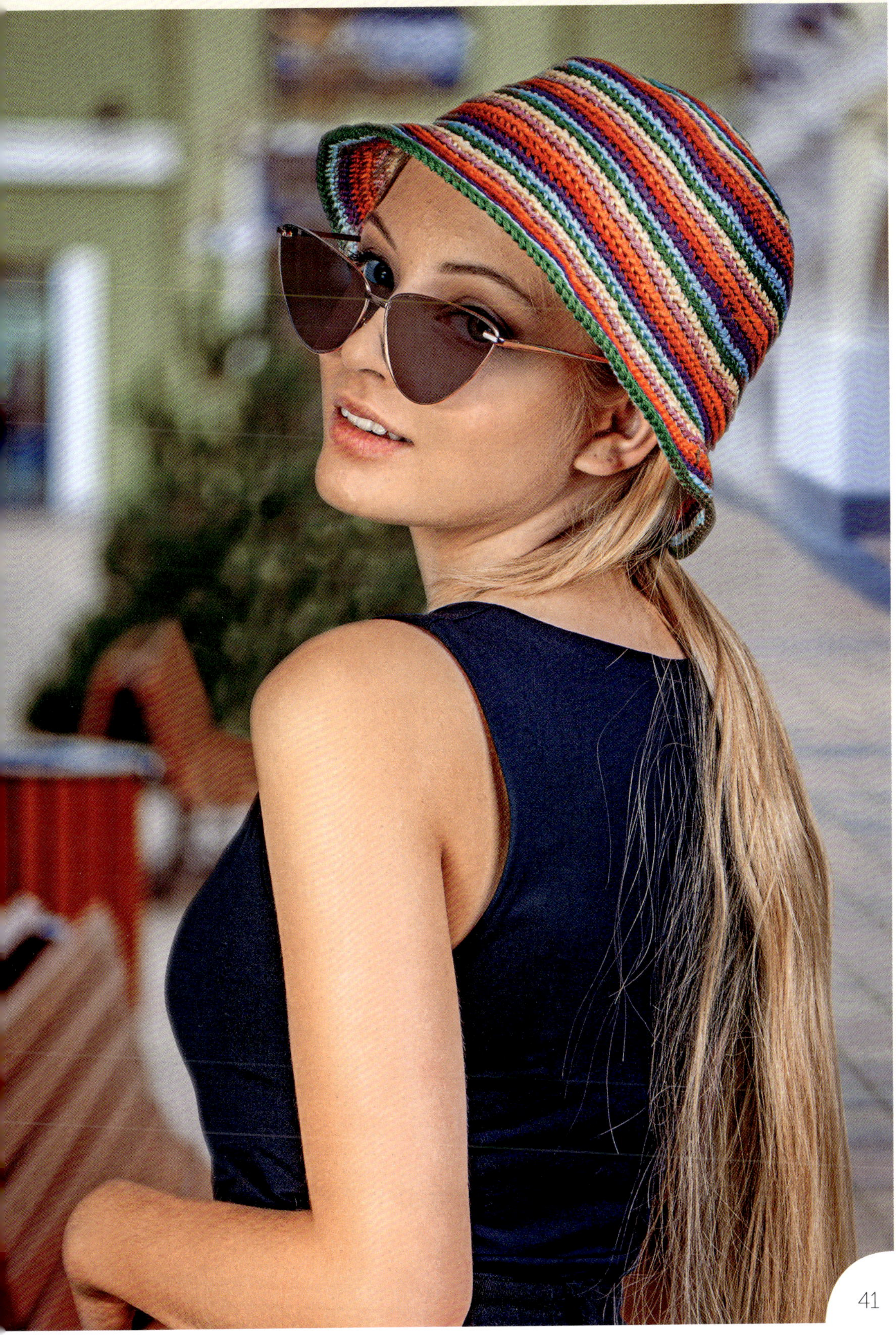

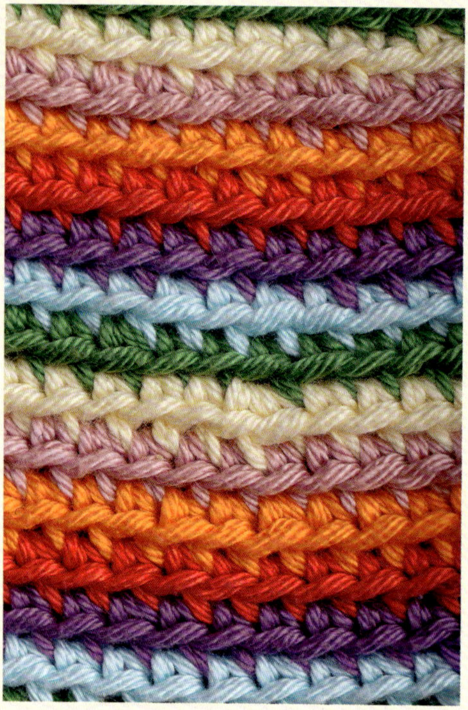

GRUNDMUSTER

Feste Maschen, dabei stets in das hintere halbe Maschenglied einstechen. Jede Runde mit 1 Steige-Luftmasche beginnen und mit 1 Kettmasche in die Steige-Luftmasche schließen.

STREIFENFOLGE

Je 1 Runde * Lila, Aqua, Grün, Gelb, Altrosa, Orange, Rot = 7 Runden, ab * stets wiederholen.

MASCHENPROBE

Feste Maschen doppelfädig mit Häkelnadel 3,5 mm: 21 Maschen x 18 Reihen/ Runden = 10 x 10 cm

ANLEITUNG

Der gesamte Hut wird im Grundmuster nach Streifenfolge gearbeitet. Man beginnt in der Kopfmitte. In Lila doppelfädig einen Fadenring legen und mit Häkelnadel 3,5 mm zuerst 2 Steige-Luftmaschen häkeln, dann 12 feste Maschen in den Ring häkeln. Fadenende anziehen, bis sich der Ring schließt. Jede Runde beginnt mit 1 Steige-Luftmasche und endet mit 1 Kettmasche in die Steige-Luftmasche. Um einen schönen Farbübergang zu erhalten, bereits die Kettmasche am Ende der Runde in der nächsten Farbe arbeiten. Nach dem Farbwechsel den doppelten Faden fest anziehen und mit dem doppelten Faden der letzten Runde verkreuzen, damit kein Loch am Rundenübergang entsteht. Die Fäden nicht abschneiden, sondern locker auf der Hut-Innenseite mitführen.

1. Runde: Jede 2. Masche verdoppeln = 18 Maschen.

2. Runde: Jede 3. Masche verdoppeln = 24 Maschen.

3. Runde: Jede 4. Masche verdoppeln = 30 Maschen.

4. Runde: Jede 5. Masche verdoppeln = 36 Maschen.

5. Runde: Jede 6. Masche verdoppeln = 42 Maschen.

6. Runde: Jede 7. Masche verdoppeln = 48 Maschen.

7. Runde: Die 4. Masche verdoppeln, dann jede 8. Masche verdoppeln = 54 Maschen.

8. Runde: Jede 9. Masche verdoppeln = 60 Maschen.

9. Runde: Jede 15. Masche verdoppeln = 64 Maschen.

10. Runde: Jede 8. Masche verdoppeln = 72 Maschen.

11. Runde: Jede 9. Masche verdoppeln = 80 Maschen.

12. Runde: Die 5. Masche verdoppeln, dann jede 10. Masche verdoppeln = 88 Maschen.
13. Runde: Jede 11. Masche verdoppeln = 96 Maschen.
14. Runde: Ohne Zunahmen.
15. Runde: Die 4. Masche verdoppeln, dann jede 8. Masche verdoppeln = 108 Maschen.

Der obere, flache Teil des Hutes ist beendet. Nun für den geraden Teil wie folgt arbeiten:
1.–9. (1.–8.) Runde: Ohne Zunahmen.
10. (9.) Runde: Jede 9. (18.) Masche verdoppeln = 120 (104) Maschen.
11.–16. (10.–12.) Runde: Ohne Zunahmen.
Nur Größe L:
13. Runde: Jede 13. Masche verdoppeln = 112 Maschen.
14. Runde: Ohne Zunahmen.
15. Runde: Jede 14. Masche verdoppeln = 120 Maschen.
16. Runde: Ohne Zunahmen.
17. Runde: Jede 30. Masche verdoppeln = 124 Maschen.

Der gerade Teil des Hutes ist beendet. Es beginnt nun die Krempe:
1. Runde: Jede 6. Masche verdoppeln = 140 (144) Maschen.
2. Runde: Jede 7. Masche verdoppeln = 160 (164) Maschen.
3.–7. Runde: Ohne Zunahmen. Arbeit beenden.

FERTIGSTELLEN

Fäden vernähen. Ein feuchtes Frotteehandtuch in den Hut einlegen und, auf der flachen Hut-Oberseite liegend, circa 12 Stunden einwirken lassen. Danach Handtuch entfernen und Hut trocknen lassen. Hutkrempe mit dem Dampfbügeleisen vorsichtig dämpfen und Krempe formen.

SCHNITTSKIZZE

Der Pfeil bezeichnet die Häkelrichtung.

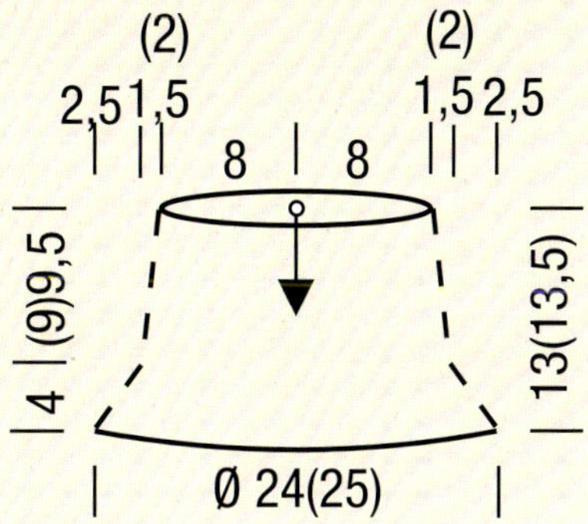

HUTHÄLFTE

GRANNY SQUARES

GRÖSSE M

Für einen Kopfumfang von 54–56 cm.

MATERIAL

Lana Grossa Elastico (96% Baumwolle, 4% Polyester (Elité), Lauflänge 160 m/50 g): 100 g Camel (Farbe 177), 50 g Orientrot (Farbe 168) und 50 g Lachsorange (Farbe 162); je 1 Häkelnadel 3,5 mm, 4 mm und 4,5 mm.

HINWEIS: Die flache Hutoberseite und die Krempe werden doppelfädig gehäkelt!

FESTE MASCHEN IN RUNDEN

Doppelfädig mit Häkelnadel 4 mm. Jede Runde mit 1 Steige-Luftmasche beginnen und mit 1 Kettmasche in die Steige-Luftmasche schließen.

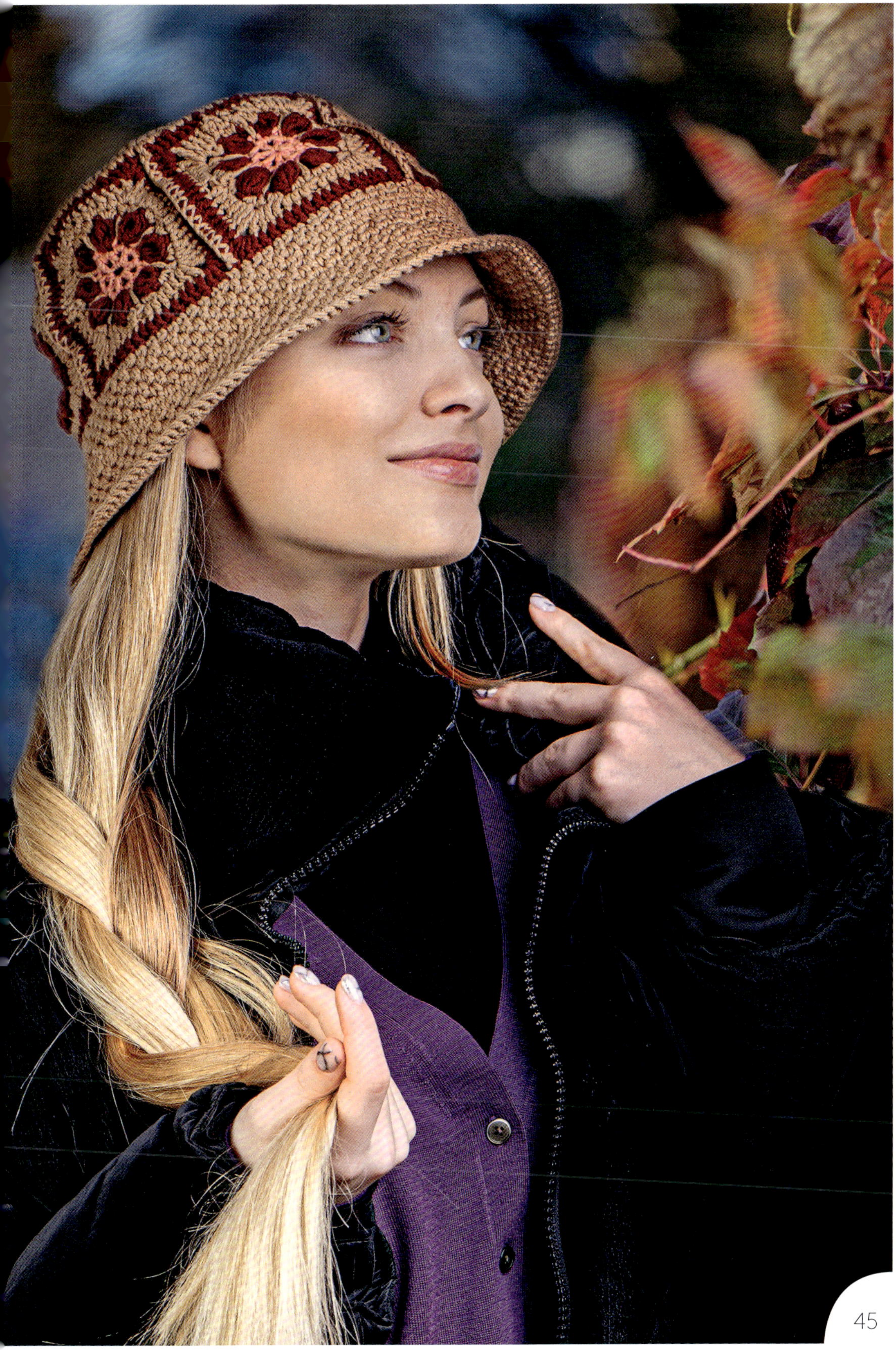

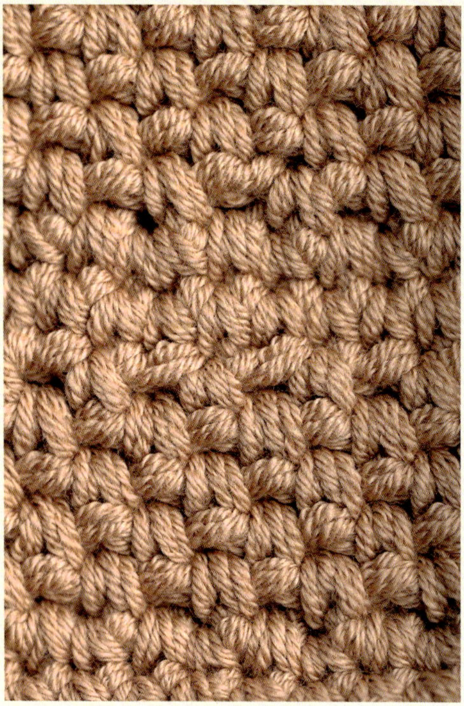

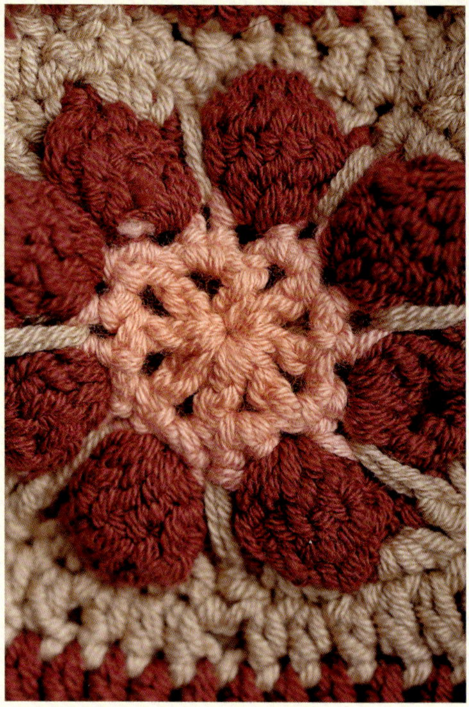

REISKORNMUSTER

Doppelfädig mit Häkelnadel 4 mm. Maschen-Zahl teilbar durch 2. **1. Runde:** 1 Steige-Luftmasche, * 1 Luftmasche, 1 Masche übergehen, 1 feste Masche um die Luftmasche der Vorrunde, ab * stets wiederholen, mit 1 Kettmasche in die Steige-Luftmasche zur Runde schließen. **2. Runde:** 1 Steige-Luftmasche, * 1 feste Masche um die Luftmasche der Vorrunde, 1 Luftmasche, 1 Masche übergehen, ab * stets wiederholen, mit 1 Kettmasche in die Steige-Luftmasche zur Runde schließen. Die 1. und 2. Runde stets wiederholen.

GRANNY SQUARE

Einfädig mit Häkelnadel 3,5 mm. Siehe Häkelschrift. Die 1.–6. Runde 1 × arbeiten. 1. und 2. Runde: Lachsorange. 3. Runde: Orientrot. 4. und 5. Runde: Camel. 6. Runde: Orientrot.

MASCHENPROBE

Feste Maschen doppelfädig mit Häkelnadel 4 mm: 18 Maschen × 18 Reihen/Runden = 10 × 10 cm.
Reiskornmuster doppelfädig mit Häkelnadel 4 mm: 20 Maschen × 16 Reihen/Runden = 10 × 10 cm.
Granny-Square einfädig mit Häkelnadel 3,5 mm: 6 Runden = 9 × 9 cm.

ANLEITUNG

Zuerst für den geraden Teil des Hutes 6 Granny Squares einfädig mit Häkelnadel 3,5 mm häkeln und dafür wie folgt beginnen: Fadenring in Lachsorange legen, 2 Steige-Luftmaschen und weiter nach Häkelschrift häkeln. Nach der 6. Runde Arbeit beenden. Fäden vernähen. Granny Squares auf 9 x 9 cm spannen, anfeuchten und trocknen lassen. In Camel einfädig mit Häkelnadel 3,5 mm die Granny Squares von der Außenseite her mit festen Maschen zu einem Ring aneinander häkeln, dabei stets zwischen die Stäbchen der letzten Runde stechen. **ACHTUNG:** Die Granny Squares immer an der gleichen Seite der Quadrate zusammenhäkeln, der Rundenanfang sollte möglichst unsichtbar stets an der gleichen Seite liegen, zum Beispiel unten.

Der obere, flache Teil des Hutes wird mit festen Maschen gearbeitet. In Camel doppelfädig einen Fadenring legen und mit Häkelnadel 4 mm zuerst 1 Steige-Luftmasche häkeln, dann 12 feste Maschen in den Ring häkeln. Fadenende anziehen, bis sich der Ring schließt. Feste Maschen in Runden häkeln.

1. Runde: Jede 2. Masche verdoppeln = 18 Maschen.
2. Runde: Jede 3. Masche verdoppeln = 24 Maschen.
3. Runde: Jede 4. Masche verdoppeln = 30 Maschen.
4. Runde: Jede 5. Masche verdoppeln = 36 Maschen.
5. Runde: Jede 6. Masche verdoppeln = 42 Maschen.
6. Runde: Jede 7. Masche verdoppeln = 48 Maschen.
7. Runde: Jede 8. Masche verdoppeln = 54 Maschen.
8. Runde Jede 9. Masche verdoppeln = 60 Maschen.
9. Runde Ohne Zunahmen.
10. Runde: Jede 5. Masche verdoppeln = 72 Maschen.
11. Runde Ohne Zunahmen.
12. Runde: Jede 6. Masche verdoppeln = 84 Maschen.
13. Runde Ohne Zunahmen.
14. Runde: Jede 7. Masche verdoppeln = 96 Maschen.

Der obere, flache Teil des Hutes ist beendet. Faden nicht abschneiden. Nun den soeben gehäkelten oberen Teil des Hutes mit dem Ring aus Granny Squares in Camel doppelfädig mit Häkelnadel 4 mm mit festen Maschen verbinden, die rechte Seite beider Teile liegt dabei außen!
Für die Krempe den unteren Rand der Granny Squares in Camel doppelfädig mit Häkelnadel 4 mm mit 1 Runde fester Maschen umhäkeln, dabei in der 1. Runde in jedes Granny Square 16 feste Maschen häkeln = 96 Maschen. In der folgenden Runde 32 Maschen wie folgt zunehmen: 1 Steige-Luftmasche, * 1 feste Masche, 1 Luftmasche, 1 Masche übergehen, 1 feste Masche, 1 Luftmasche, ab * stets wiederholen = 128 Maschen. Von nun an weiter mit Häkelnadel 4 mm in Camel doppelfädig im Reiskornmuster 5 Runden häkeln, dann 2 Runden feste Maschen häkeln, dabei in der 1. Runde um jede 6. Luftmasche 2 feste Maschen häkeln = 10 zugenommene Maschen = 138 Maschen. Mit Häkelnadel 4,5 mm in Camel doppelfädig im Reiskornmuster noch 5 Runden häkeln, dann mit 2 Runden festen Maschen enden. Arbeit beenden.

FERTIGSTELLEN

Fäden vernähen. Ein feuchtes Frotteehandtuch in den Hut einlegen und, auf der flachen Hut-Oberseite liegend, circa 12 Stunden einwirken lassen. Danach Handtuch entfernen und Hut trocknen lassen. Krempe mit dem Dampfbügeleisen vorsichtig dämpfen und mit den Händen formen.

SCHNITTSKIZZE

Der Pfeil bezeichnet die Häkelrichtung.

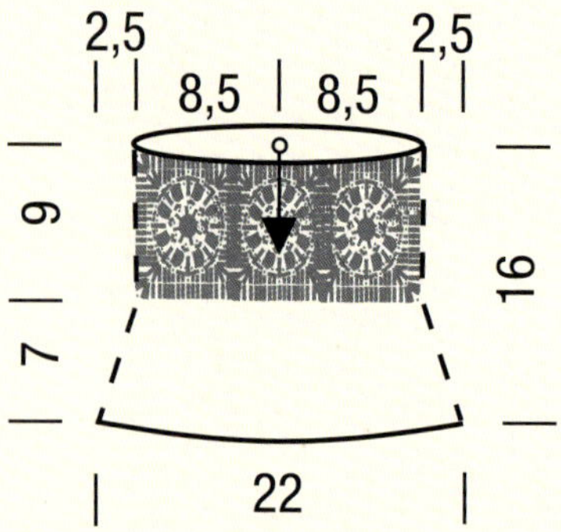

HUTHÄLFTE

Zeichenerklärung:

= Lachsorange
= Camel
= Orientrot

= 1 Luftmasche
= 1 Kettmasche
= 1 feste Masche
= 2 feste Maschen in den Luftmaschen-Bogen

= 1 halbes Stäbchen

= 1 Stäbchen

= 1 doppeltes Stäbchen

= 1 Noppe in die 1. feste Masche der 2. Runde: 4 bzw. 5 zusammen abgemaschte doppelte Stäbchen in eine Einstichstelle

= 1 tiefgestochenes doppeltes Stäbchen in die 2. feste Masche der 2. Runde

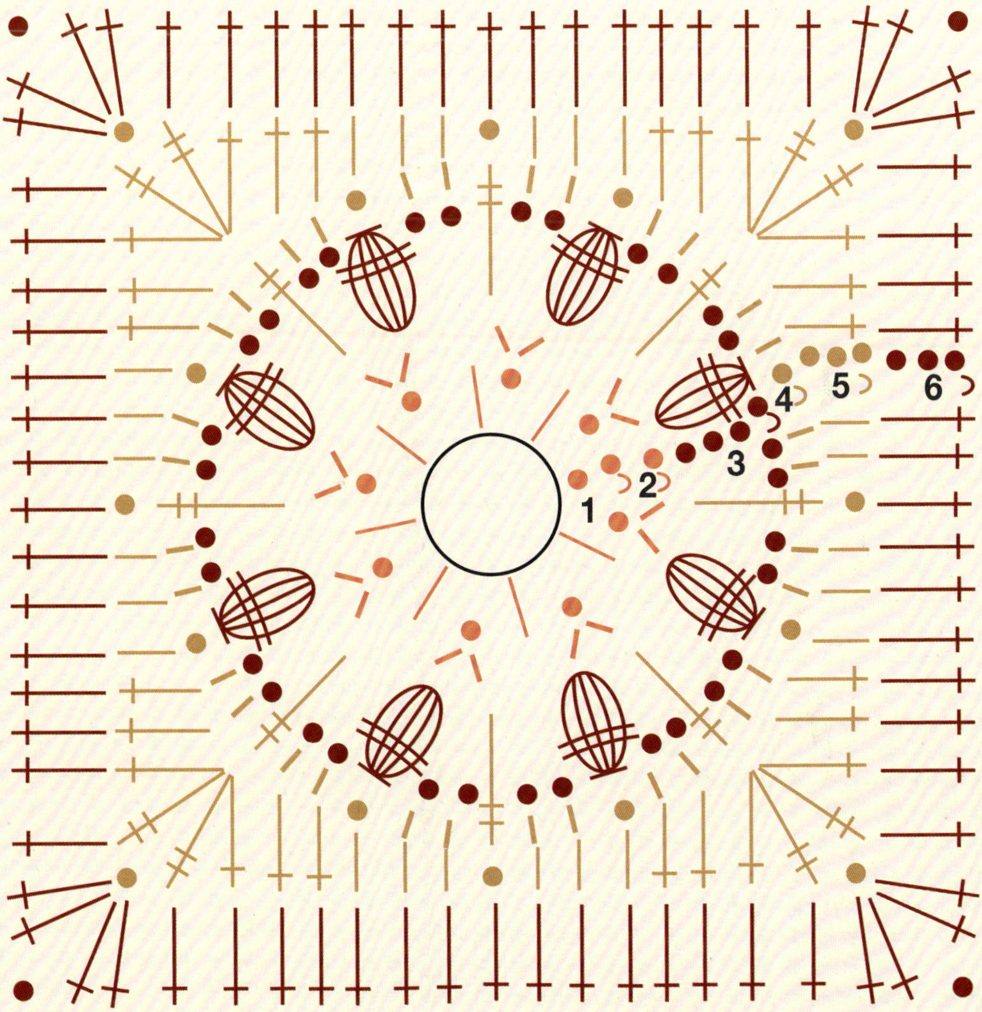
1
2
3
4
5
6

DURCHBLICK

GRÖSSE M

Für einen Kopfumfang von 54–56 cm.

MATERIAL

Rico Design Creative Paper (100% Papierfaser, LL = 55 m/50 g): 150 g Mint (Fb 383170.005); 1 Häkelnadel 4,5 mm.

FESTE MASCHEN IN RUNDEN

Jede Runde mit 1 Steige-Luftmasche beginnen und mit 1 Kettmasche in die Steige-Luftmasche schließen.

STÄBCHEN

Jede Runde mit 2 Steige-Luftmaschen beginnen und mit 1 Kettmasche in die letzte Steige-Luftmasche schließen.

FILETMUSTER

* 1 Luftmasche, 1 Masche übergehen, 1 Stäbchen, ab * noch 5 × wiederholen, 1 Luftmasche, = 13 Maschen.

MASCHENPROBE

Feste Maschen mit Häkelnadel 4,5 mm:
14 Maschen × 11,5 Reihen/Runden
= 10 × 10 cm.
Stäbchen mit Häkelnadel 4,5 mm:
14 Maschen × 6 Reihen/Runden
= 10 × 10 cm.

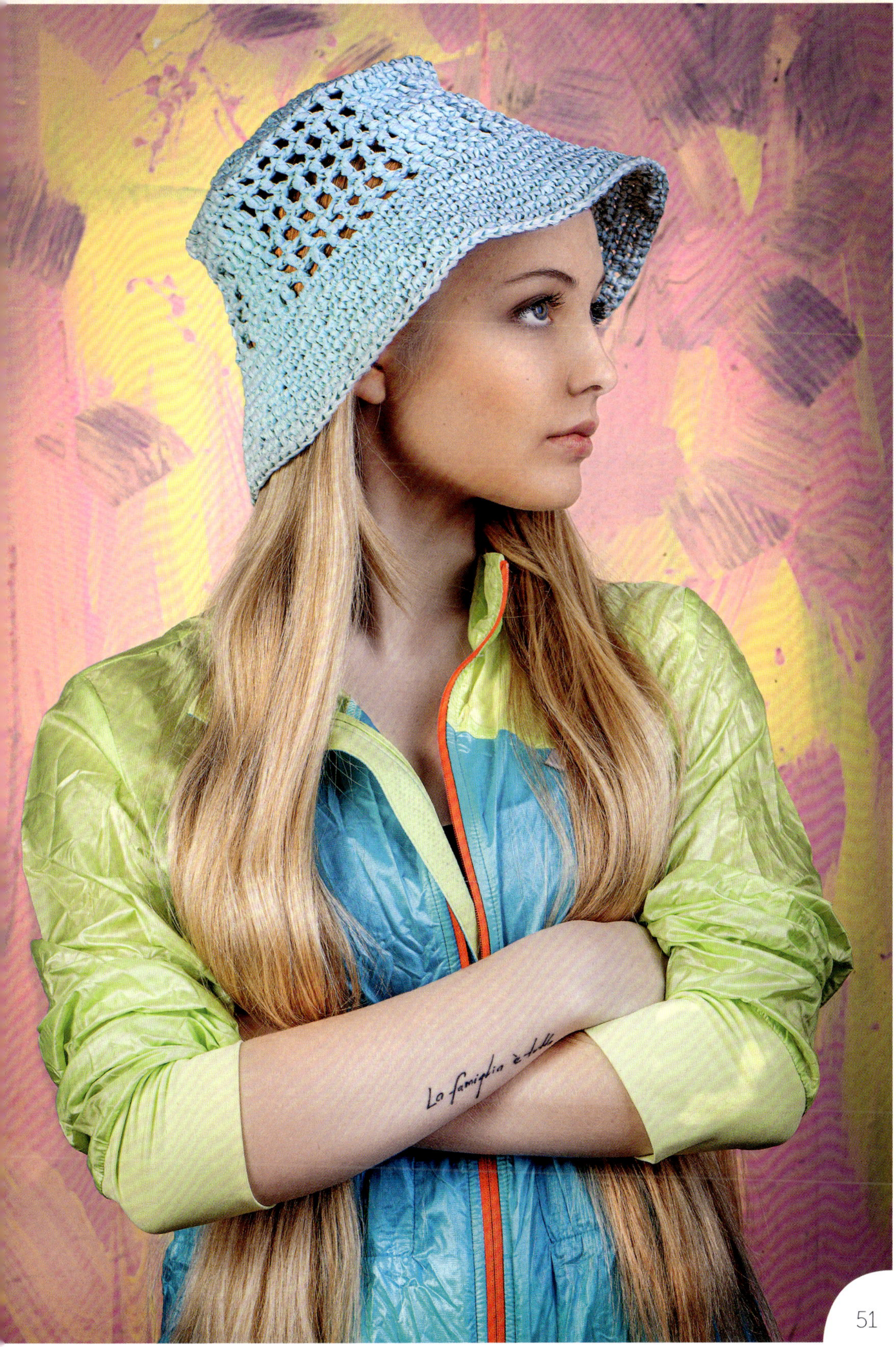

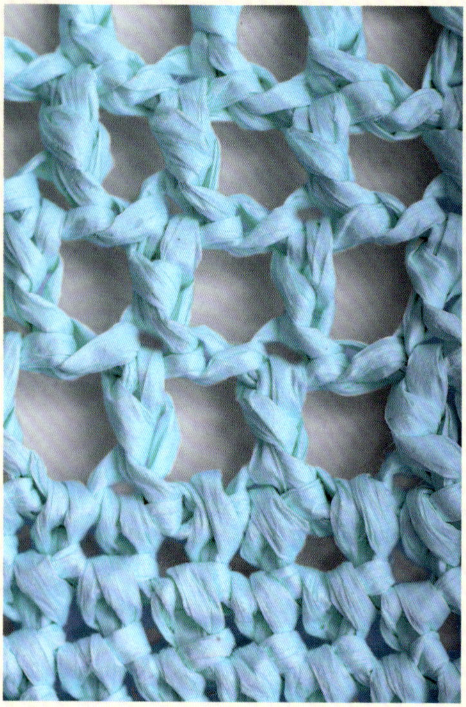

ANLEITUNG

Der obere, flache Teil des Hutes wird mit festen Maschen gearbeitet. Man beginnt in der Kopfmitte. Fadenring legen und mit Häkelnadel 4,5 mm 1 Steige-Luftmasche häkeln, dann 12 feste Maschen in den Ring häkeln. Fadenende anziehen, bis sich der Ring schließt. Jede Runde beginnt mit 1 Steige-Luftmasche und endet mit 1 Kettmasche in die Steige-Luftmasche.
HINWEIS: Creative Paper muss fest verarbeitet werden, damit der Hut eine stabile Form erhält!
1. Runde: Jede 2. Masche verdoppeln = 18 Maschen.
2. Runde: Jede 3. Masche verdoppeln = 24 Maschen.
3. Runde: Jede 4. Masche verdoppeln = 30 Maschen.
4. Runde: Jede 5. Masche verdoppeln = 36 Maschen.
5. Runde: Die 3. Masche verdoppeln, dann jede 6. Masche verdoppeln = 42 Maschen.
6. Runde: Jede 7. Masche verdoppeln = 48 Maschen.
7. Runde: Die 4. Masche verdoppeln, dann jede 8. Masche verdoppeln = 54 Maschen.
8. Runde: Jede 9. Masche verdoppeln = 60 Maschen.
9. Runde: Jede 6. Masche verdoppeln = 70 Maschen.

Der obere, flache Teil des Hutes ist beendet. Es beginnt nun der gerade Teil des Hutes, der mit Stäbchen und im Filetmuster gehäkelt wird.
1. Runde: Stäbchen und Filetmuster, dafür die Maschen wie folgt einteilen: 2 Steige-Luftmaschen als Ersatz für das 1. Stäbchen, 1 Stäbchen, 13 Maschen Filetmuster, 1 Stäbchen, 2 Stäbchen in die folgende Masche, 2 Stäbchen, 13 Maschen Filetmuster, 5 Stäbchen, 13 Maschen Filetmuster, 1 Stäbchen, 2 Stäbchen in die folgende Masche, 2 Stäbchen, 13 Maschen Filetmuster, 3 Stäbchen, mit 1 Kettmasche in die letzte Steige-Luftmasche die Runde schließen = 72 Maschen.
2. Runde: Ohne Zunahmen wie folgt arbeiten: 2 Steige-Luftmaschen, 1 Stäbchen, * 13 Maschen Filetmuster, 5 Stäbchen, ab * noch 2 × wiederholen, 13 Maschen Filetmuster, 3 Stäbchen, mit 1 Kettmasche in die letzte Steige-Luftmasche die Runde schließen.
3. Runde: 2 Steige-Luftmaschen, 1 Stäbchen, 13 Maschen Filetmuster, 5 Stäbchen, 13 Maschen Filetmuster, 2 Stäbchen, 2 Stäbchen in die folgende Masche, 2 Stäbchen, 13 Maschen Filetmuster, 5 Stäbchen, 13 Maschen Filetmuster, 2 Stäbchen, 2 Stäbchen in die folgende Masche, mit 1 Kettmasche in die letzte Steige-Luftmasche die Runde schließen = 74 Maschen.

4. Runde: Ohne Zunahmen wie folgt arbeiten: 2 Steige-Luftmaschen, 1 Stäbchen, 13 Maschen Filetmuster, 5 Stäbchen, 13 Maschen Filetmuster, 6 Stäbchen, 13 Maschen Filetmuster, 5 Stäbchen, 13 Maschen Filetmuster, 4 Stäbchen, mit 1 Kettmasche in die letzte Steige-Luftmasche die Runde schließen.
5. Runde: 2 Steige-Luftmaschen, 1 Stäbchen, 13 Maschen Filetmuster, 2 Stäbchen, 2 Stäbchen in die folgende Masche, 2 Stäbchen, 13 Maschen Filetmuster, 6 Stäbchen, 13 Maschen Filetmuster, 2 Stäbchen, 2 Stäbchen in die folgende Masche, 2 Stäbchen, 13 Maschen Filetmuster, 4 Stäbchen, mit 1 Kettmasche in die letzte Steige-Luftmasche die Runde schließen = 76 Maschen.
6. Runde: Ohne Zunahmen wie folgt arbeiten: 2 Steige-Luftmaschen, 1 Stäbchen, * 13 Maschen Filetmuster, 6 Stäbchen, ab * noch 2 x wiederholen, 13 Maschen Filetmuster, 4 Stäbchen, mit 1 Kettmasche in die letzte Steige-Luftmasche die Runde schließen.
Der gerade Teil des Hutes ist beendet und es beginnt nun die Krempe. Von nun an wieder feste Maschen häkeln.
1. Runde: Jede 19. Masche verdoppeln = 80 Maschen.
2. Runde: Ohne Zunahmen.
3. Runde: Jede 10. Masche verdoppeln = 88 Maschen.
4. Runde: Ohne Zunahmen.
5. Runde: Jede 11. Masche verdoppeln = 96 Maschen.
6. Runde: Ohne Zunahmen.
7. Runde: Jede 12. Masche verdoppeln = 104 Maschen.
8. Runde: Ohne Zunahmen.
9. Runde: Jede 13. Masche verdoppeln = 112 Maschen.
10. Runde: Ohne Zunahmen.
Arbeit beenden.

FERTIGSTELLEN

Fäden vernähen. Ein feuchtes Frotteehandtuch in den Hut einlegen und, auf der flachen Hut-Oberseite liegend, circa 12 Stunden einwirken lassen. Danach Handtuch entfernen und Hut trocknen lassen. Krempe befeuchten und mit den Händen leicht ausdehnen.

SCHNITTSKIZZE

Der Pfeil bezeichnet die Häkelrichtung.

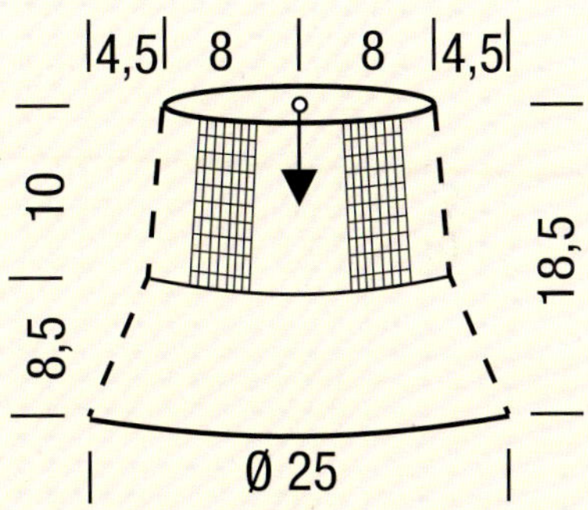

HUTHÄLFTE

PELZOPTIK

GRÖSSE M

Für einen Kopfumfang von 54–56 cm.

MATERIAL

Rico Design Creativ Petit Lapin super chunky (100% Polyester, Lauflänge = 60 m/100 g): 300 g Creme (Farbe 001); 1 Häkelnadel 9 mm.

HINWEIS: Der ganze Hut wird doppelfädig gehäkelt!

FESTE MASCHEN IN RUNDEN

Jede Runde mit 1 Steige-Luftmasche beginnen und mit 1 Kettmasche in die Steige-Luftmasche schließen.

MASCHENPROBE

Feste Maschen doppelfädig mit Häkelnadel 9 mm: 7,5 Maschen × 7 Reihen/Runden = 10 × 10 cm

ANLEITUNG

Der gesamte Hut wird mit festen Maschen gearbeitet. Man beginnt in der Kopfmitte. 2 Luftmaschen doppelfädig mit Häkelnadel 9 mm locker anschlagen und 8 feste Maschen in die 1. Luftmasche häkeln. Mit 1 Kettmasche in die 2. Luftmasche die Runde schließen. Tipp: Da man durch das Garn keine Maschen erkennen kann, den Rundenübergang mit einem Effektfaden markieren. Die einzelnen Maschen mit den Fingern der linken Hand erfühlen und in jeder Runde so die Maschen zählen.

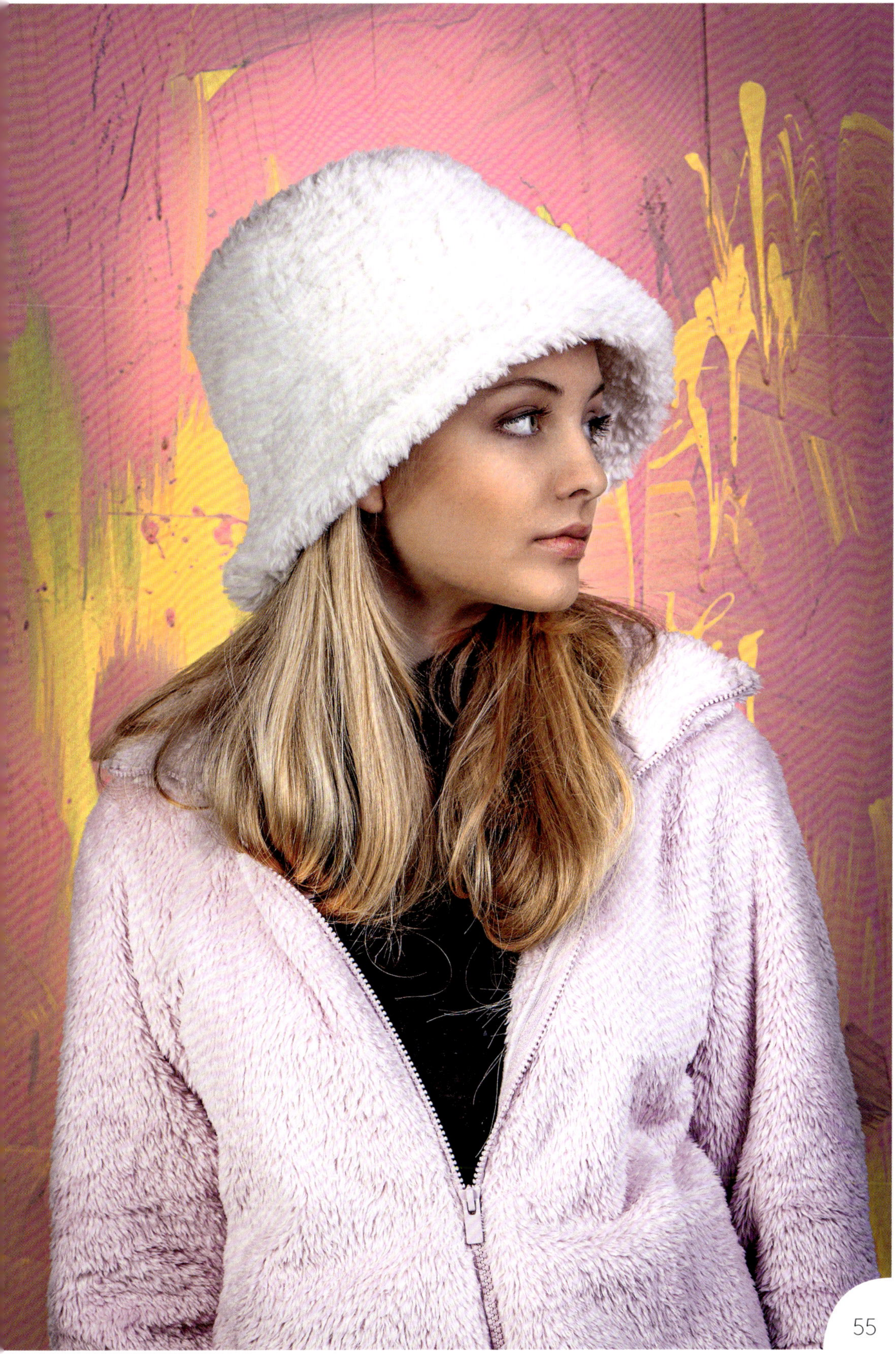

1. **Runde:** Jede Masche verdoppeln = 16 Maschen.
2. **Runde:** Jede 4. Masche verdoppeln = 20 Maschen.
3. **Runde:** Jede 4. Masche verdoppeln = 25 Maschen.
4. **Runde:** Jede 5. Masche verdoppeln = 30 Maschen.
5. **Runde:** Jede 6. Masche verdoppeln = 35 Maschen.
6. **Runde:** Die 5., 18. und 30. Masche verdoppeln = 38 Maschen.

Der obere, flache Teil des Hutes ist beendet. Für den geraden Teil wie folgt weiterarbeiten:

1.–6. Runde: Ohne Zunahmen.
7. Runde: Die 8. und 28. Masche verdoppeln = 40 Maschen.

Der gerade Teil des Hutes ist beendet. Es beginnt nun die Hutkrempe:

1. Runde: Jede 4. Masche verdoppeln = 50 Maschen.
2. Runde: Ohne Zunahmen.
3. Runde: Jede 5. Masche verdoppeln = 60 Maschen.
4. Runde: Ohne Zunahmen.
Arbeit beenden.

FERTIGSTELLEN

Fäden vernähen. Ein feuchtes Frotteehandtuch in den Hut einlegen und, auf der flachen Hut-Oberseite liegend, circa 12 Stunden einwirken lassen. Danach Handtuch entfernen und Hut trocknen lassen. Krempe mit den Händen leicht ausdehnen.

SCHNITTSKIZZE

Der Pfeil bezeichnet die Häkelrichtung

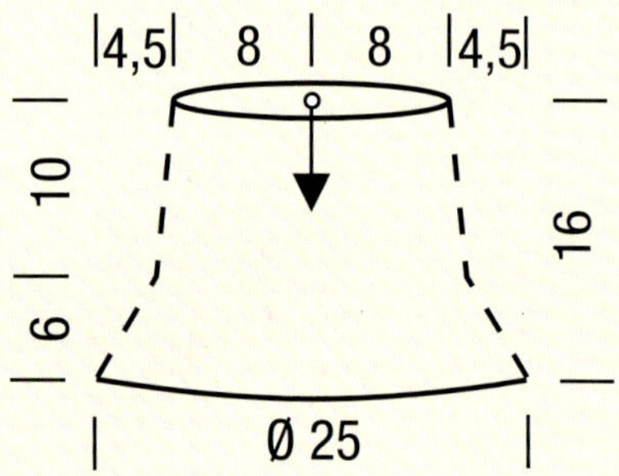

HUTHÄLFTE

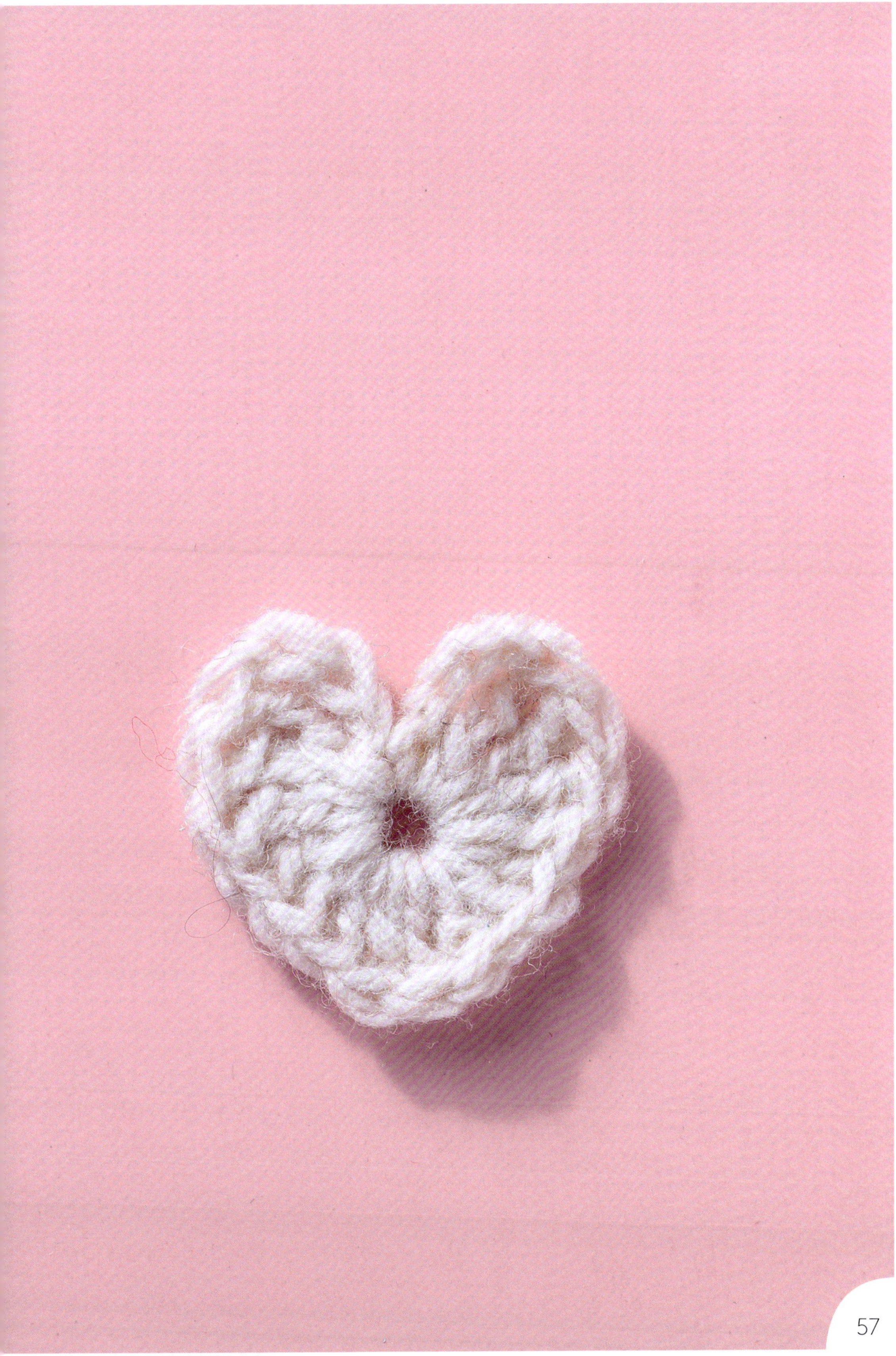

TARTAN

GRÖSSE M

Für einen Kopfumfang von 54–56 cm.

MATERIAL

Lana Grossa Cashmere 16 Fine (80% Schurwolle (Merino), 10% Kaschmir, 10% Polyamid, Lauflänge 320 m/50 g): 50 g Rost (Farbe 44), 50 g Goldgelb (Farbe 38) und 50 g Braun (Farbe 37); 1 Häkelnadel 3,5 mm.

HINWEIS: Der ganze Hut wird doppelfädig gehäkelt!

FESTE MASCHEN IN RUNDEN

Jede Runde mit 1 Steige-Luftmasche beginnen und mit 1 Kettmasche in die Steige-Luftmasche schließen.

KAROMUSTER

Siehe Häkelschrift. Maschen-Zahl teilbar durch 6. Jede Runde mit 1 Steige-Luftmasche beginnen und mit 1 Kettmasche in die Steige-Luftmasche schließen. **Relief-Stäbchen von vorne:** 1 Umschlag auf die Nadel nehmen, von vorne nach hinten und wieder nach vorne um das Stäbchen der vorletzten Runde herumstechen und 1 Stäbchen häkeln. **1. Runde:** Rost, 2 Steige-Luftmaschen, Stäbchen. Die Runde mit 1 Kettmasche in die 2. Steige-Luftmasche schließen. **2. Runde:** Rost, 1 Steige-Luftmasche, 1 feste Masche, * 3 x je 1 Relief-Stäbchen von vorne um das Stäbchen der Vorrunde, 3 feste Maschen, ab * stets wiederholen, 3 x je 1 Relief-Stäbchen von vorne um das Stäbchen der Vorrunde, 2 feste Maschen. Die Runde mit 1 Kettmasche in die Steige-Luftmasche schließen. **3. Runde:** Goldgelb, feste Maschen. **4. Runde:** Braun, 1 feste Maschen, * 3 Relief-Stächen von vorne, dabei jeweils

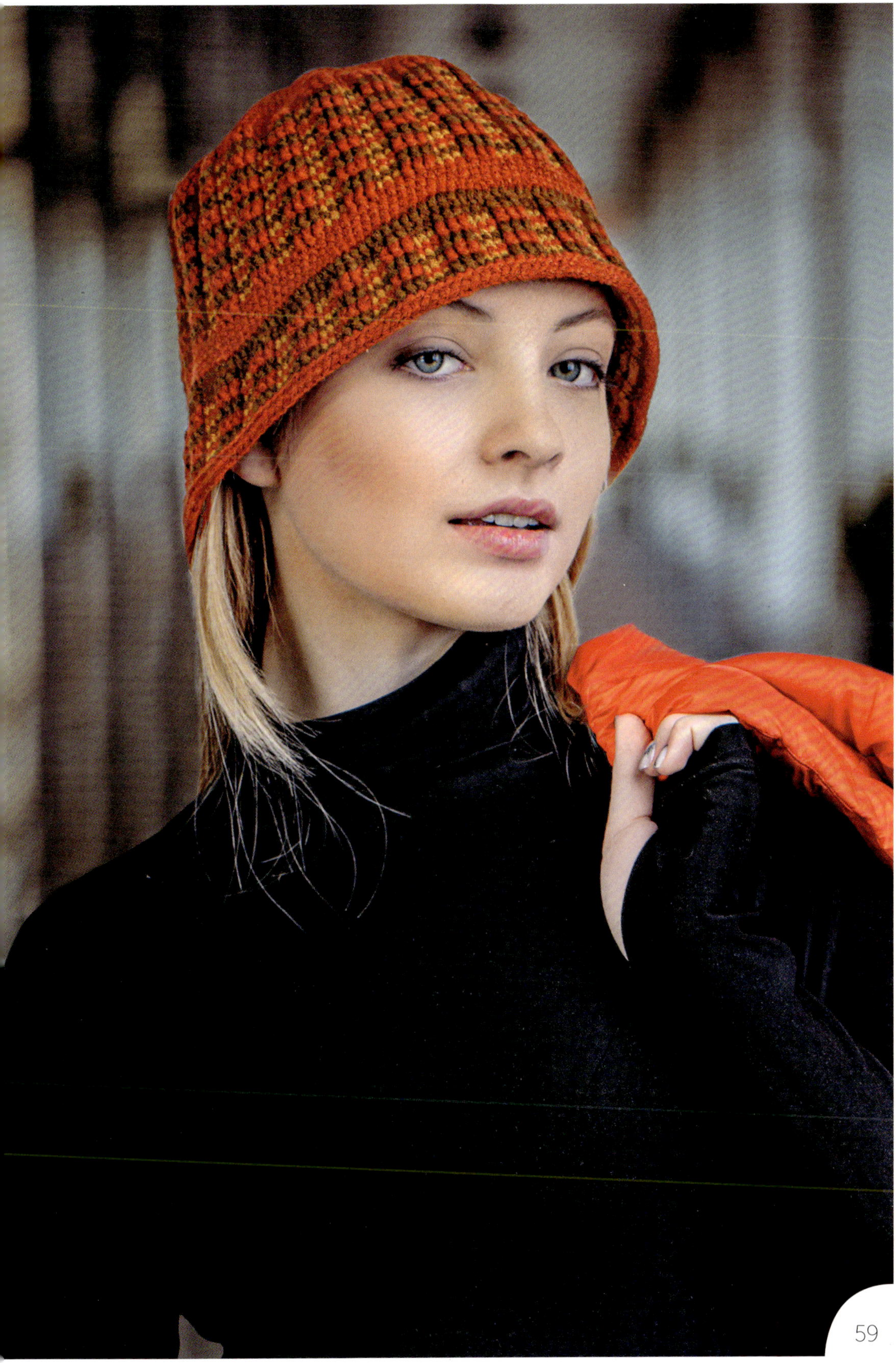

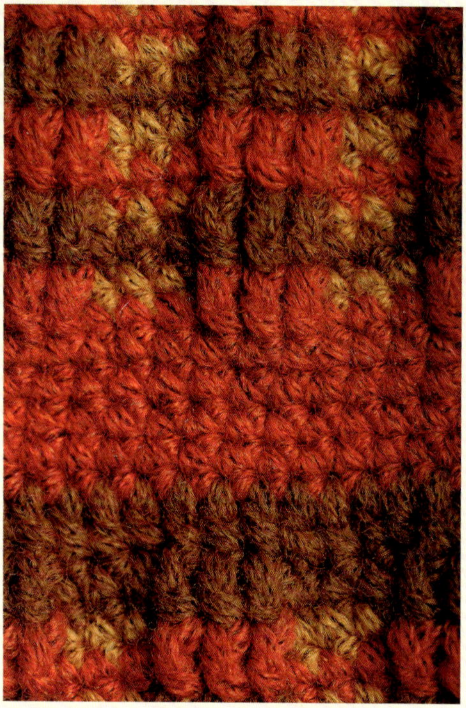

um das Relief-Stäbchen der 2. darunter liegenden Runde arbeiten, 3 feste Maschen, ab * stets wiederholen, 3 Relief-Stäbchen von vorne, 2 feste Maschen. **5. Runde:** Goldgelb, feste Maschen. **6. Runde:** Rost, 1 feste Masche, * 3 Relief-Stäbchen von vorne, dabei jeweils um das Relief-Stäbchen der 2. darunter liegenden Runde arbeiten, 3 feste Maschen, ab * stets wiederholen, 3 Relief-Stäbchen von vorne, 2 feste Maschen.
Die 1.–6. Runde 1 × arbeiten, dann die 3.–6. Runde stets wiederholen.

MASCHENPROBE

Feste Maschen doppelfädig mit Häkelnadel 3,5 mm: 25 Maschen × 24 Reihen/Runden = 10 × 10 cm.
Karomuster doppelfädig mit Häkelnadel 3,5 mm: 24 Maschen und 27 Reihen/Runden = 10 × 10 cm.

ANLEITUNG

Der obere, flache Teil des Hutes wird mit festen Maschen gearbeitet. Man beginnt in der Kopfmitte. 2 Luftmaschen doppelfädig in Rost mit Häkelnadel 3,5 mm häkeln, dann 12 feste Maschen in die 1. Luftmasche häkeln. Diese Runde und jede weitere Runde endet mit 1 Kettmasche in die Steige-Luftmasche. Jede folgende Runde beginnt mit 1 Steige-Luftmasche.
1. Runde: Jede 2. Masche verdoppeln = 18 Maschen.
2. Runde: Jede 3. Masche verdoppeln = 24 Maschen.
3. Runde: Jede 4. Masche verdoppeln = 30 Maschen.
4. Runde: Jede 5. Masche verdoppeln = 36 Maschen.
5. Runde: Die 3. Masche verdoppeln, dann jede 6. Masche verdoppeln = 42 Maschen.
6. Runde: Jede 7. Masche verdoppeln = 48 Maschen.
7. Runde: Die 4. Masche verdoppeln, dann jede 8. Masche verdoppeln = 54 Maschen.
8. Runde: Jede 9. Masche verdoppeln = 60 Maschen.
9. Runde: Die 5. Masche verdoppeln, dann jede 10. Masche verdoppeln = 66 Maschen.
10. Runde: Jede 11. Masche verdoppeln = 72 Maschen.
11. Runde: Die 6. Masche verdoppeln, dann jede 12. Masche verdoppeln = 78 Maschen.
12. Runde: Jede 13. Masche verdoppeln = 84 Maschen.
13. Runde: Die 7. Masche verdoppeln, dann jede 14. Masche verdoppeln = 90 Maschen.
14. Runde: Jede 9. Masche verdoppeln = 100 Maschen.
15. Runde: Jede 10. Masche verdoppeln = 110 Maschen.
16. Runde: Jede 11. Masche verdoppeln = 120 Maschen.
17. Runde: Jede 12. Masche verdoppeln = 130 Maschen.
18. Runde: 8 × jede 16. Masche verdoppeln = 138 Maschen.

Der obere, flache Teil des Hutes ist beendet. Markierung setzen. Im Karomuster nach Häkelschrift oder nach der Beschreibung Karomuster weiterarbeiten = 23 Rapporte. Nach 8 cm ab der Markierung in Rost doppelfädig feste Maschen häkeln und Zunahmen wie folgt arbeiten: **1. und 2. Runde:** Ohne Zunahmen. **3. Runde:** 9 × jede 15. Masche verdoppeln = 147 Maschen. **4. Runde:** 9 × jede 16. Masche verdoppeln = 156 Maschen.

Es beginnt nun die Hutkrempe:
1. Runde: Braun, 2 Steige-Luftmaschen, Stäbchen. Die Runde mit 1 Kettmasche in die 2. Steige-Luftmasche schließen. **2. Runde:** Braun, 1 Steige-Luftmasche, 1 feste Masche, * 3 × je 1 Relief-Stäbchen von vorne um das Stäbchen der Vor-Runde, 3 feste Maschen, ab * stets wiederholen, 3 × je 1 Relief-Stäbchen von vorne, 2 feste Maschen. Im Karomuster 1 × die 5. und 6. Runde arbeiten, dann 1 × die 3.–6. Runde und 1 × die 3. und 4. Runde arbeiten = 26 Rapporte. Nach insgesamt 10 Runden Karomuster noch 2 Runden in Rost feste Maschen häkeln. Arbeit beenden.

FERTIGSTELLEN

Fäden vernähen. Ein feuchtes Frotteehandtuch in den Hut einlegen und, auf der flachen Hut-Oberseite liegend, circa 12 Stunden einwirken lassen. Danach Handtuch entfernen und Hut trocknen lassen. Krempe mit den Händen leicht ausdehnen oder zusätzlich mit dem Dampfbügeleisen vorsichtig ausdämpfen.

SCHNITTSKIZZE

Der Pfeil bezeichnet die Häkelrichtung

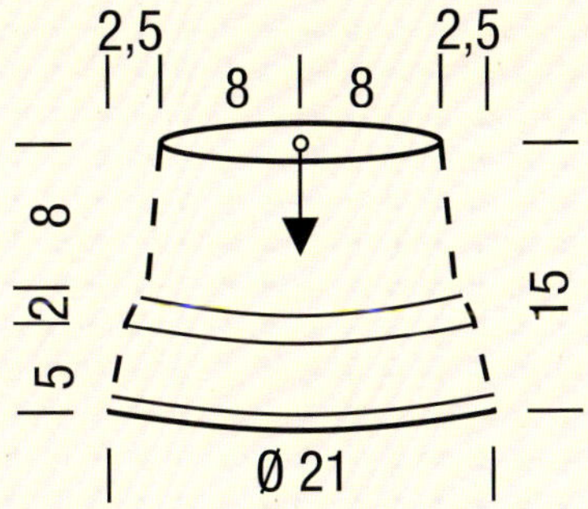

HUTHÄLFTE

Häkelschrift

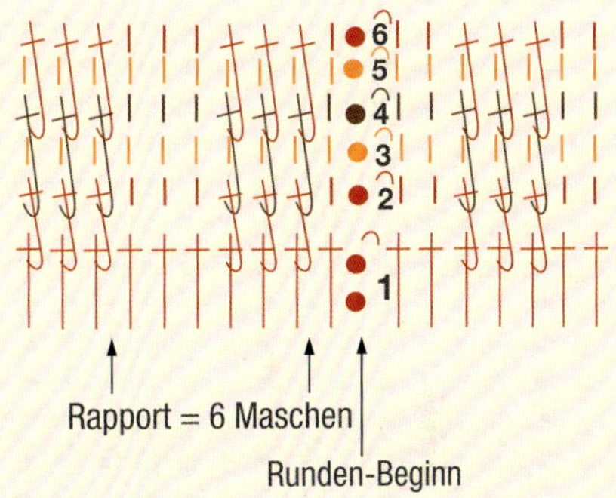

Zeichenerklärung:

- = Goldgelb
- = Rost
- = Braun

- • = 1 Luftmasche
- ⌒ = 1 Kettmasche
- I = 1 feste Masche
- † = 1 Stäbchen
- = 1 Reliefstäbchen von vorne (= 1 Umschlag auf die Nadel nehmen, von vorne nach hinten und wieder nach vorne um das Stäbchen der Vor-Reihe herumstechen und 1 Stäbchen häkeln)

FILZ

Auch für Männer!

GRÖSSE M UND L

Für einen Kopfumfang von 55–57 cm (Größe M) und 58–60 cm (Größe L).
Die Angaben für Größe L stehen in Klammern. Ist nur eine Angabe gemacht, gilt diese für beide Größen.

MATERIAL

Lana Grossa Feltro (100% Schurwolle, Lauflänge 50 m/50 g): 250 g Grau meliert (Farbe 3); Lana Grossa Cool Wool (100% Schurwolle (Merino extrafine), Lauflänge 160 m/50 g): 50 g oder ein Rest Schwarz (Farbe 433); 1 Häkelnadel 9 mm und 1 Wollsticknadel mit stumpfer Spitze. Zum Filzen in der Waschmaschine ein altes Handtuch und 2–3 Tennisbälle.

FESTE MASCHEN IN RUNDEN

Jede Runde mit 1 Steige-Luftmasche beginnen und mit 1 Kettmasche in die Steige-Luftmasche schließen.

MASCHENPROBE VOR DEM FILZEN

Feste Maschen mit Häkelnadel 9 mm:
9 Maschen x 11 Reihen/Runden
= 10 x 10 cm

ANLEITUNG

Der gesamte Hut wird mit festen Maschen gearbeitet. Man beginnt in der Kopfmitte. Fadenring legen und mit Häkelnadel 9 mm 1 Luftmasche häkeln, dann 6 feste Maschen in den Ring häkeln. Fadenende anziehen, bis sich der Ring schließt. Jede Runde beginnt

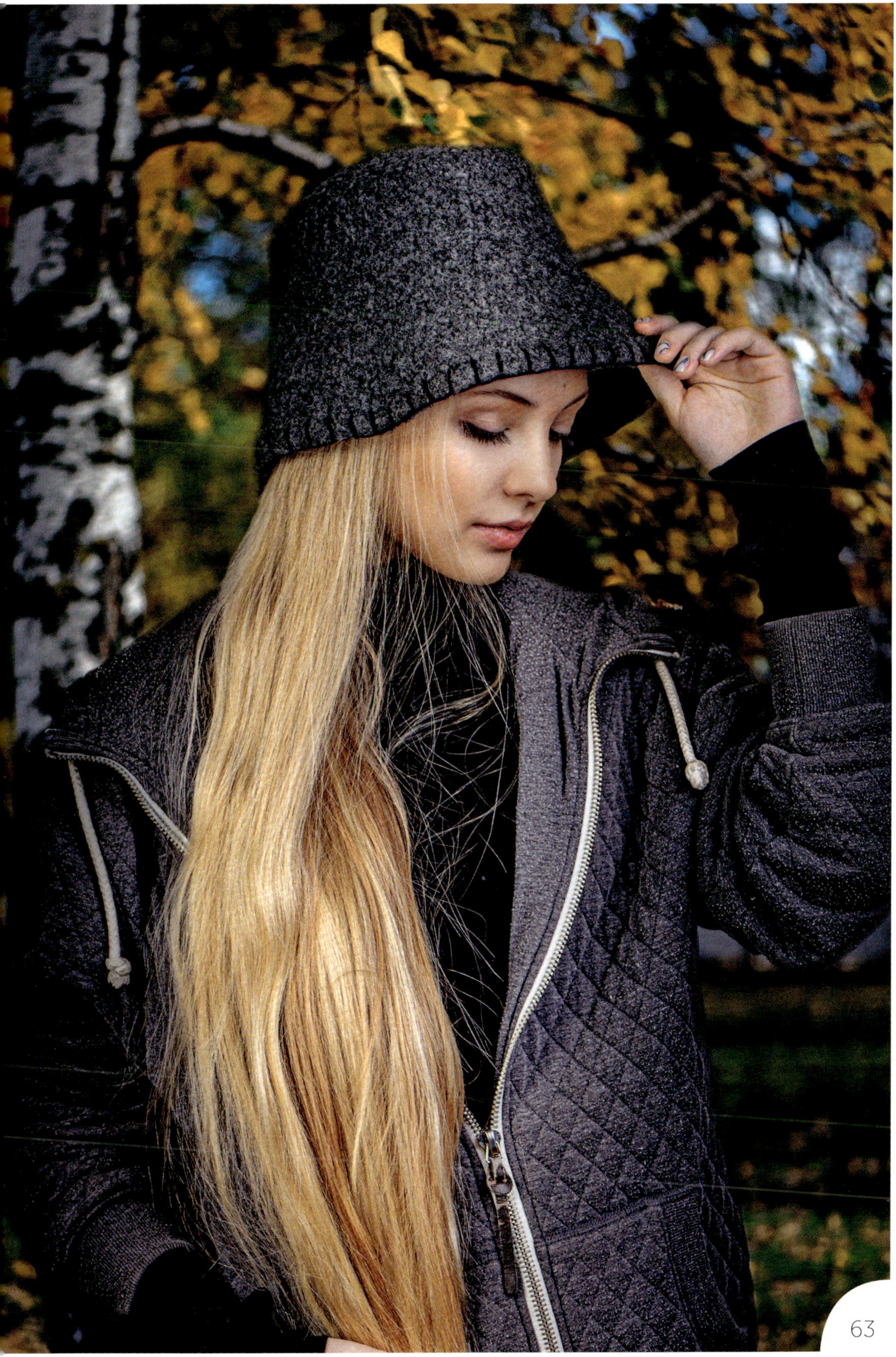

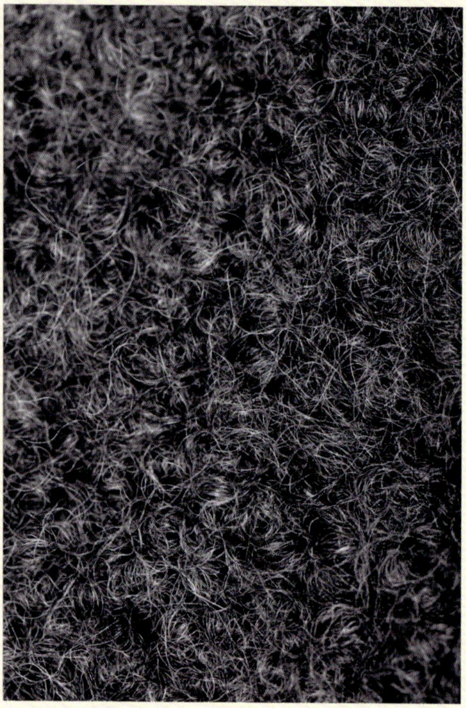

mit 1 Steige-Luftmasche und endet mit 1 Kettmasche in die Steige-Luftmasche.
1. Runde: Jede Masche verdoppeln = 12 Maschen.
2. Runde: Jede 2. Masche verdoppeln = 18 Maschen.
3. Runde: Jede 2. Masche verdoppeln = 27 Maschen.
4. Runde: Jede 3. Masche verdoppeln = 36 Maschen.
5. Runde: Jede 9. Masche verdoppeln = 40 Maschen.
6. Runde: Jede 5. Masche verdoppeln = 48 Maschen.
7. Runde: Ohne Zunahmen.
8. Runde: Jede 6. Masche verdoppeln = 56 Maschen.
9. Runde: Ohne Zunahmen.
10. Runde: Jede 7. Masche verdoppeln = 64 Maschen.
11. Runde: Ohne Zunahmen.

Der obere, flache Teil des Hutes ist beendet. Nun für den geraden Teil wie folgt arbeiten:
Größe M:
1.–13. Runde: Ohne Zunahmen.
Größe L:
1.–10. Runde: Ohne Zunahmen.
11. Runde: Jede 16. Masche verdoppeln = 68 Maschen.
12. Runde: Ohne Zunahmen.
13. Runde: Die 17. und die folgende 34. Masche verdoppeln = 70 Maschen.

Der gerade Teil des Hutes ist beendet. Es beginnt nun die Krempe:
1. Runde: 9 x jede 6. Masche und 2 x jede 5. Masche (jede 14. Masche) verdoppeln = 75 Maschen.
2. Runde: Ohne Zunahmen.
3. Runde: 9 x jede 7. Masche verdoppeln und 2 x jede 6. Maschen verdoppeln = 86 Maschen.
4.–9. Runde: Ohne Zunahmen.
(4.–7. Runde: Ohne Zunahmen). Arbeit beenden.

FERTIGSTELLEN

Fäden vernähen. Den Hut bei 60° C mit Waschmittel in der Waschmaschine im Vollwaschgang waschen und um einen besseren Walkeffekt zu erzielen, ein altes Handtuch und 2–3 Tennisbälle mit in die Trommel geben. Nach dem Schleudern den Hut aus der Waschmaschine nehmen, kräftig in Form ziehen und am Kopf formen. Ein trockenes Handtuch in den Hut stopfen und, auf der flachen Hut-Oberseite liegend, trocknen lassen. Danach Handtuch entfernen und, je nach Wunsch, den Hutrand in Cool Wool mit Knopflochstichen umsticken.

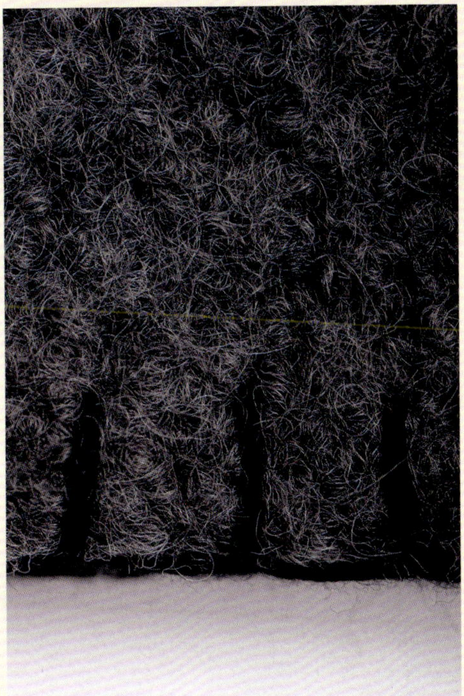

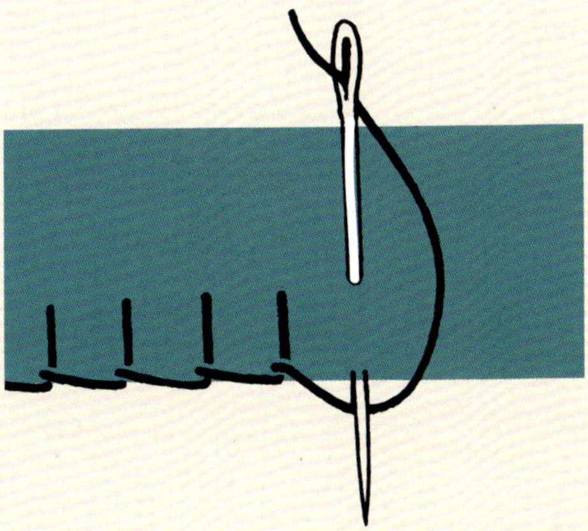

SCHNITTSKIZZE

Die Zahlen in den Klammern geben die Maße vor dem Waschen an. Die Zahlen vor den Klammern geben die Maße nach dem Waschen an. Der Pfeil bezeichnet die Häkelrichtung.

GRÖSSE L

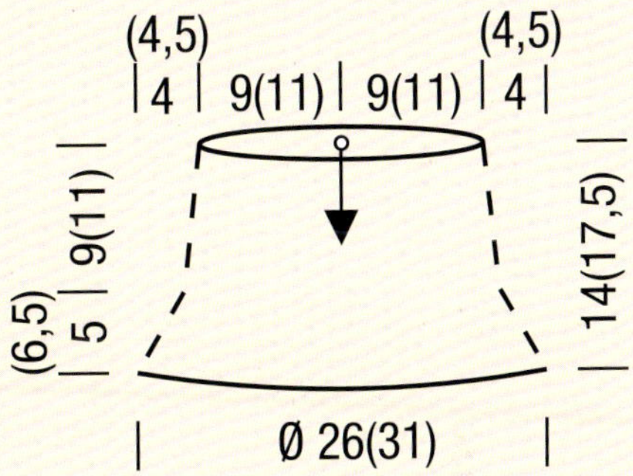

HUTHÄLFTE

GRÖSSE M

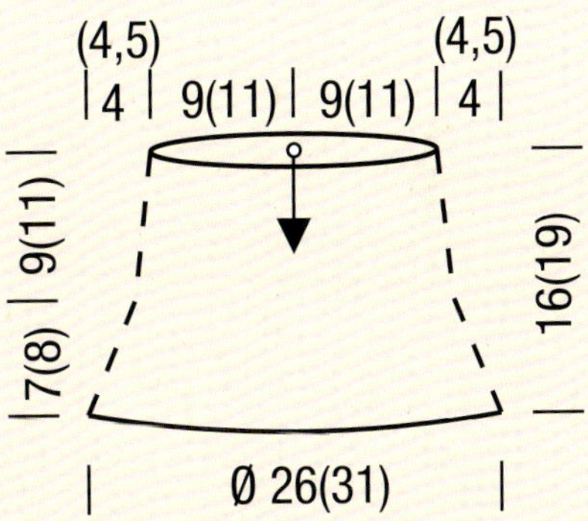

HUTHÄLFTE

GRUNDLAGEN

LUFTMASCHENANSCHLAG

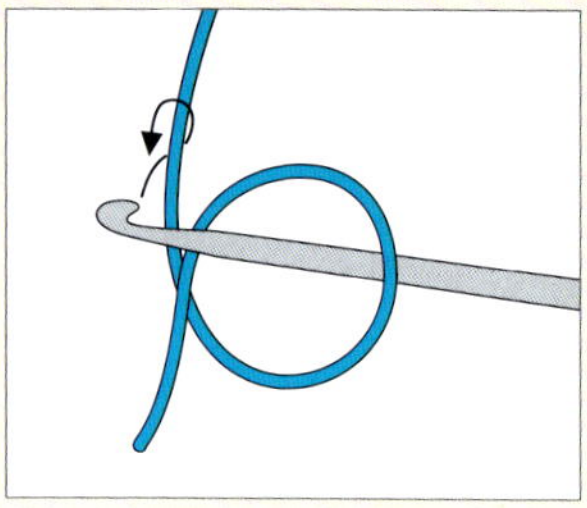

Den Faden zu einem Kreis legen, sodass sich die Fäden kreuzen. Dabei das Fadenende zwischen Zeigefinger und Daumen halten. Die Häkelnadel durch den Kreis führen, den Faden um die Nadel legen und den Umschlag durchziehen. Festziehen!

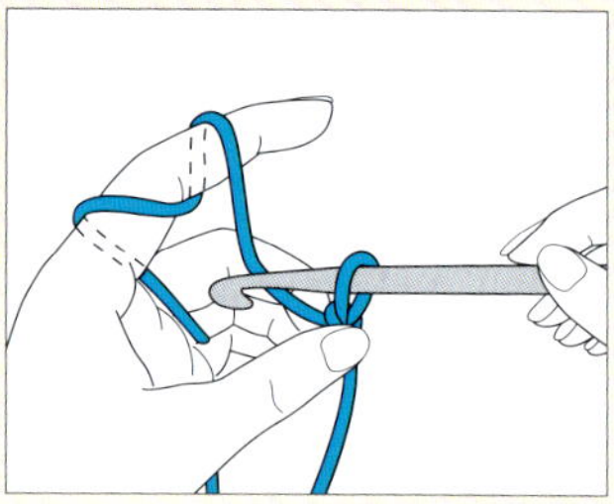

Der Anschlagsknoten ist fertig und eine Schlinge liegt auf der Nadel. Den Anschlagsknoten mit Daumen und Mittelfinger halten, den Faden vom Zeigefinger mit der Nadel erfassen und durch die Schlinge ziehen.

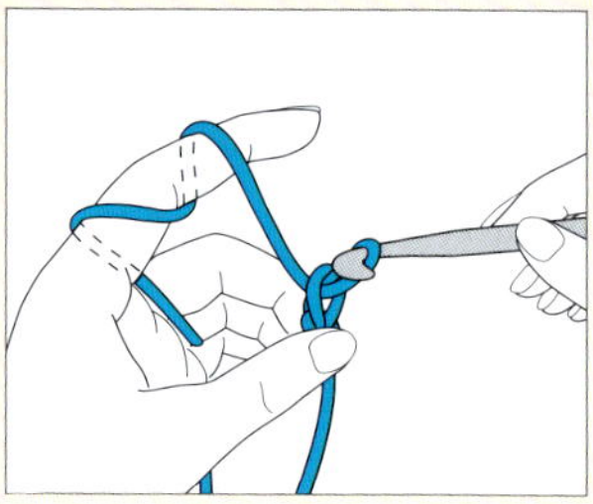

Die erste Luftmasche ist fertig. Wiederholen, bis die gewünschte Luftmaschenzahl erreicht ist.

FADENRING

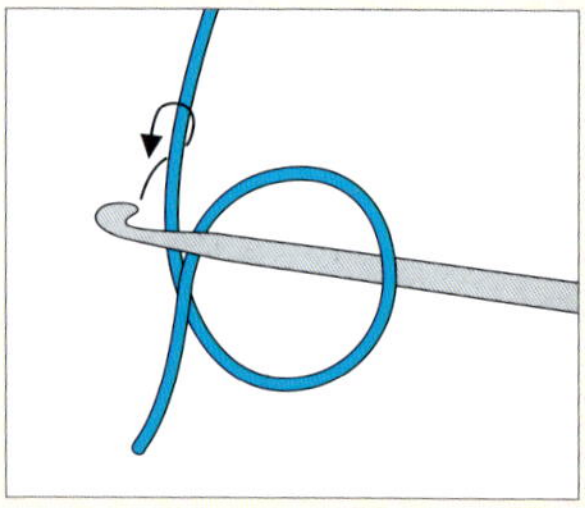

Den Faden zu einem Kreis legen, sodass sich die Fäden kreuzen. Dabei das Fadenende zwischen Zeigefinger und Daumen halten. Die Häkelnadel durch den Kreis führen, den Faden um die Nadel legen und den Umschlag durchziehen. Nicht festziehen!

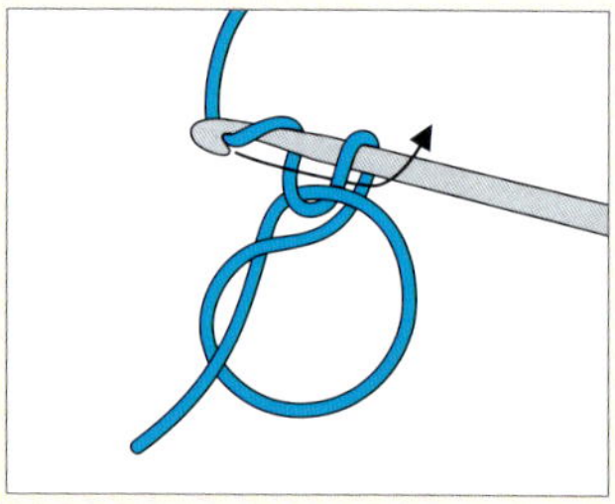

Den Arbeitsfaden um den linken Zeigefinger legen und den Kreuzungspunkt festhalten. Einen Umschlag durch die Schlinge der Nadel ziehen (= eine Luftmasche).

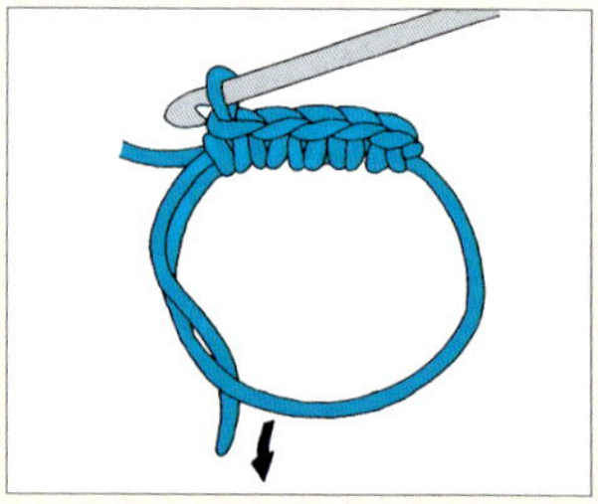

Den Ring wie angegeben behäkeln und am Ende der 1. Runde den Fadenring festziehen.

HÄKELN IN SPIRALRUNDEN

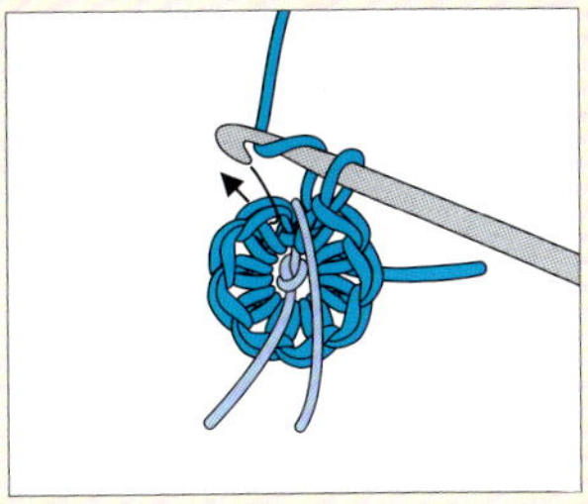

Zunächst die angegebene Maschenzahl in den Fadenring arbeiten und diesen festziehen. Danach für die 2. Runde direkt in die erste feste Masche der 1. Runde einstechen. Dabei den Rundenübergang mit einem Kontrastfaden markieren, denn die Runden schrauben sich spiralförmig in die Höhe, sodass nur schwer zu erkennen ist, wann eine neue Runde erreicht ist. Die Markierung zeigt den Rundenbeginn.

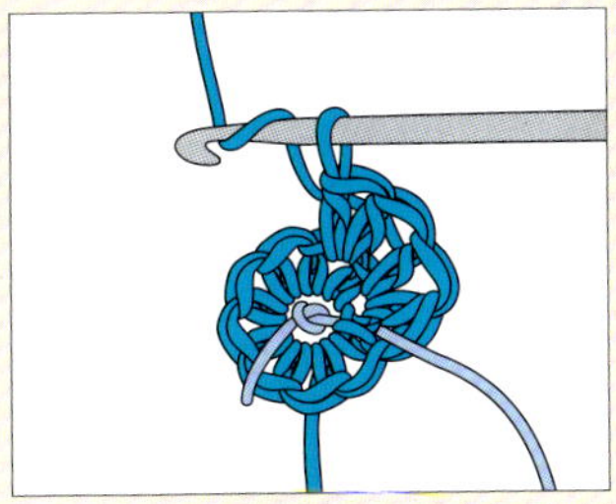

Wie in der Anleitung beschrieben, die 2. Runde häkeln.

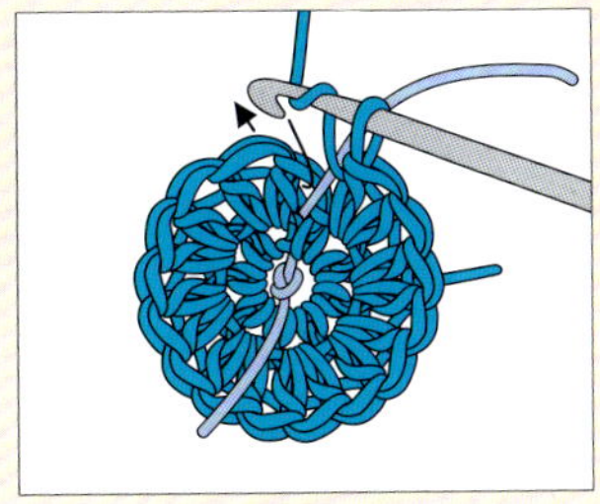

Am Rundenübergang den Markierungsfaden im Wechsel nach vorne bzw. nach hinten legen und entsprechend der Anleitung weiterarbeiten. Nach Beenden der Arbeit den Markierungs-
faden herausziehen.

BÜSCHELMASCHEN

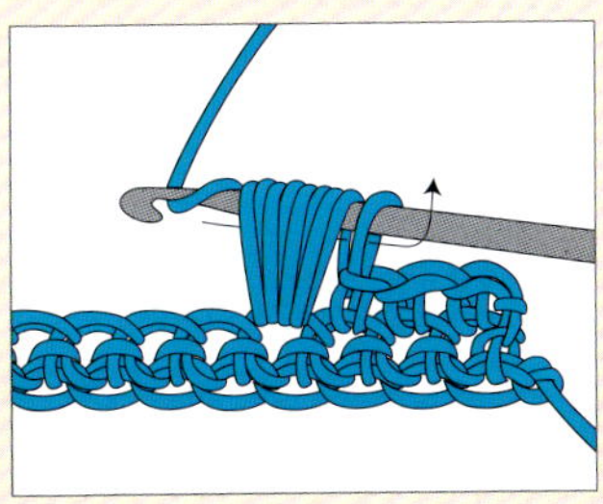

Einen Umschlag um die Nadel legen, einstechen, den Faden holen und durchziehen. Diese Schlinge lang ziehen.

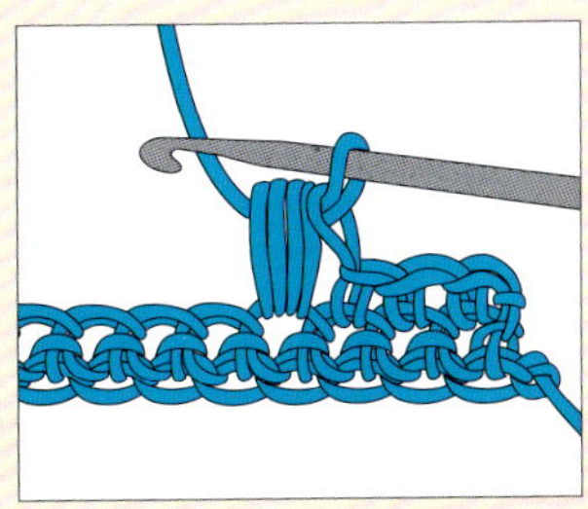

Einen weiteren Umschlag um die Nadel legen, einstechen, eine weitere Schlinge durchholen und lang ziehen. Dies noch 2 Mal wiederholen.

FARBWECHSEL IN SPIRALRUNDEN UND REIHEN

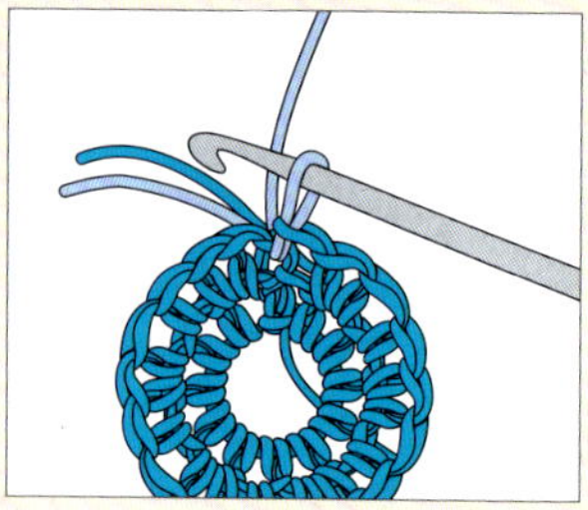

Um einen exakten Farbübergang zu erreichen, bereits die letzte Schlinge der letzten Masche der Vorrunde in der neuen Farbe häkeln. Bei einem Farbwechsel innerhalb der Reihe oder Runde ebenfalls die letzte Schlinge der letzten Masche der vorhergehenden Farbe mit der neuen Farbe häkeln.

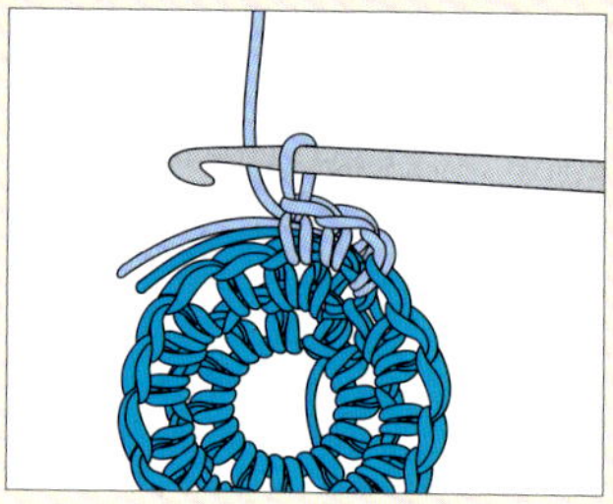

Bei Reihen beide Fadenenden auf die Maschenglieder der Vorreihe legen. Die folgenden 4–5 Maschen über die Fadenenden arbeiten. Dabei wie gewohnt feste Maschen häkeln, in deren Mitte die Fadenenden versteckt und fixiert werden. Überstehende Fadenenden abschneiden. Bei Runden die Fadenenden lediglich auf der Innenseite verknoten.

WENDE-LUFTMASCHE

Wende-Luftmaschen werden wie normale Luftmaschen gearbeitet, implizieren jedoch ein Wenden der Arbeit und werden beim Zurückhäkeln stets übersprungen.

KETTMASCHE

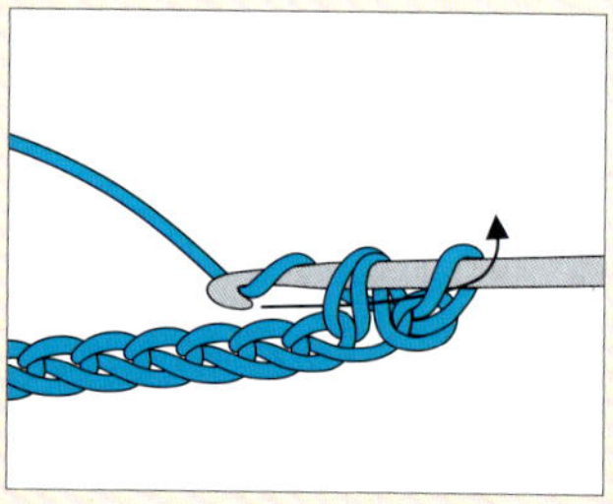

In die vorgesehene Masche einstechen, den Faden um die Nadel legen und diesen Umschlag durch alle Schlingen der Nadel ziehen.

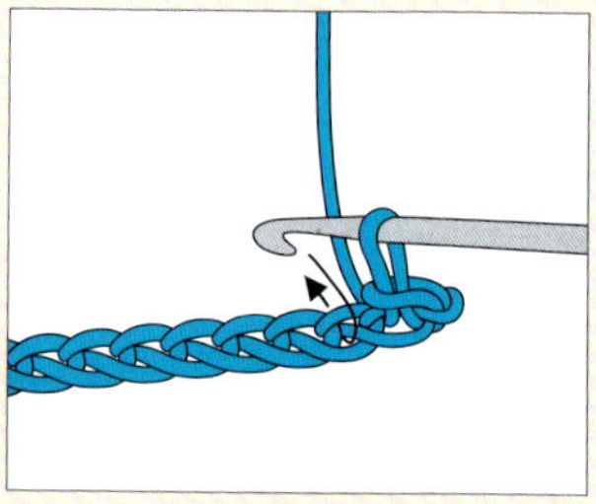

Die Kettmasche ist fertig.

FESTE MASCHE IM KREUZSTICH

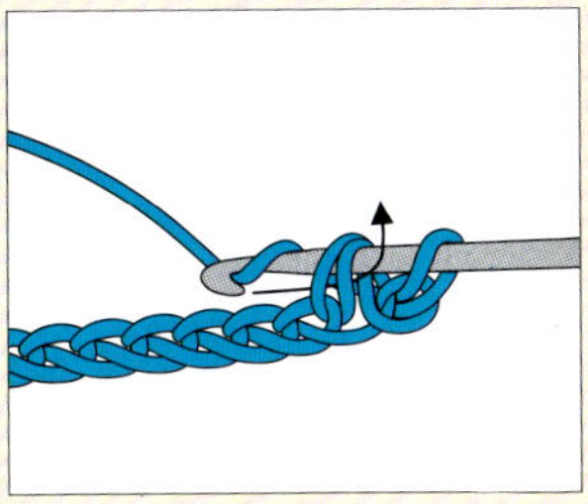

In die 2. Luftmasche von der Nadel aus einstechen, den Faden von hinten nach vorn um die Nadel legen.

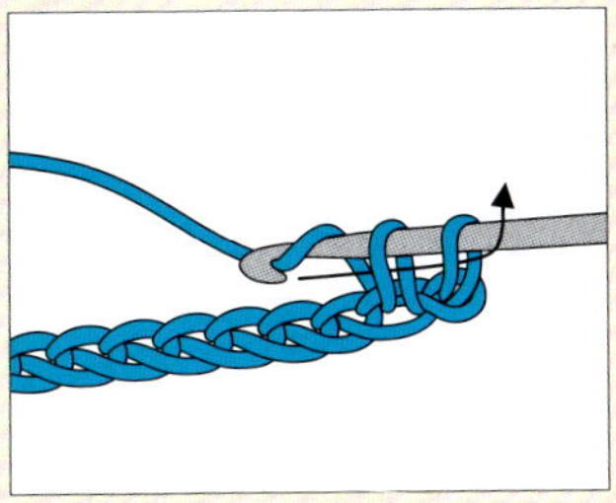

Den Faden erneut um die Nadel legen und durch beide Schlingen ziehen.

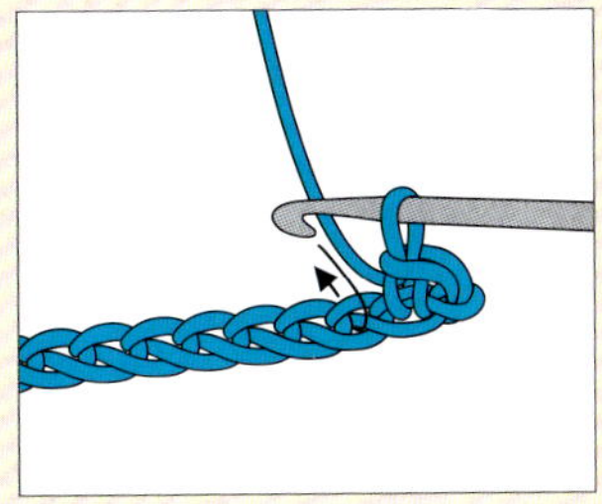

Die feste Masche ist fertig.

FESTE MASCHE IN DIE VORDERE SCHLAUFE

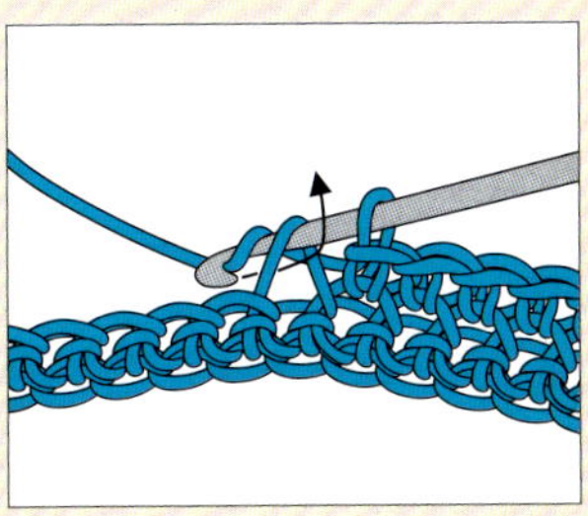

Beim Einstechen in die Masche der Vorreihe/-runde darauf achten, dass stets nur die vordere Schlaufe erfasst wird. Den Umschlag durchholen. Dann wie bei allen festen Maschen den Faden erneut um die Nadel legen und durch beide Schlingen ziehen.

FESTE MASCHE IN DIE HINTERE SCHLAUFE

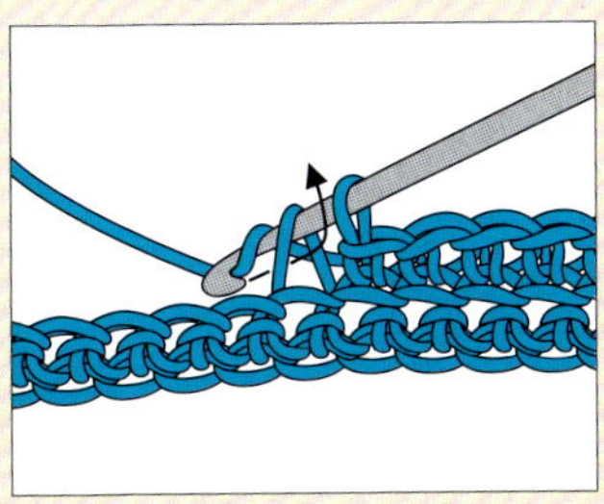

Beim Einstechen in die Masche der Vorreihe/-runde darauf achten, dass stets nur die hintere Schlaufe erfasst wird. Den Umschlag durchholen. Dann wie bei allen festen Maschen den Faden erneut um die Nadel legen und durch beide Schlingen ziehen.

HALBES STÄBCHEN

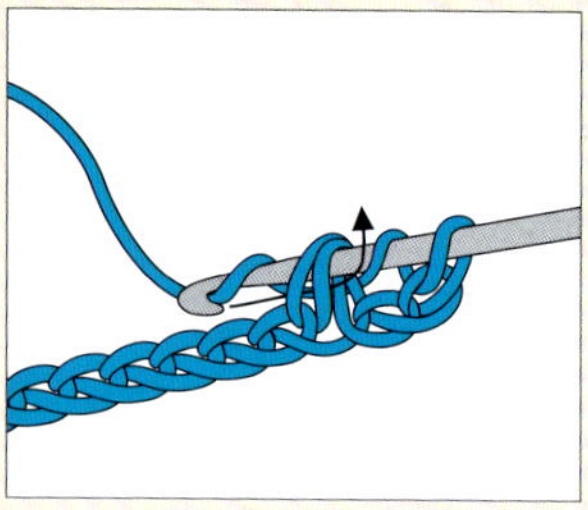

Einen Umschlag um die Nadel legen, in die vorgesehene Masche einstechen. Den Faden holen und durchziehen. Es liegen nun drei Schlingen auf der Nadel.

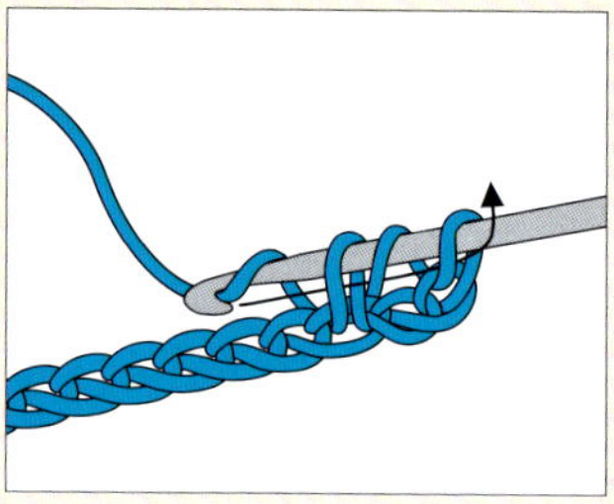

Den Faden nochmals holen und durch alle drei Schlingen ziehen.

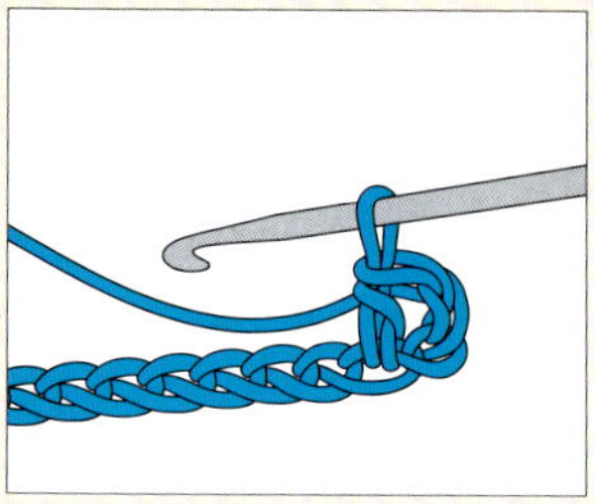

Das halbe Stäbchen ist fertig.

STÄBCHEN

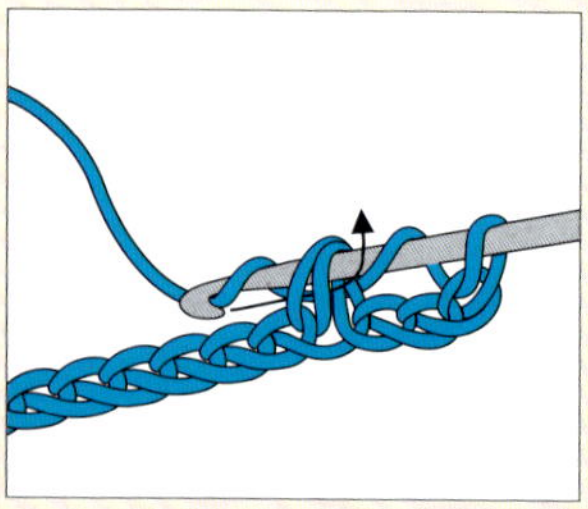

Einen Umschlag um die Nadel legen und in die vorgesehene Masche einstechen. Den Faden holen und durchziehen. Es liegen nun drei Schlingen auf der Nadel.

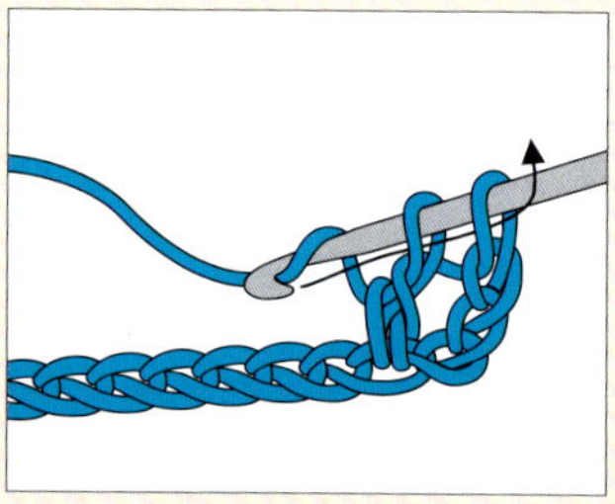

Den Faden erneut holen und durch zwei Schlingen der Nadel ziehen. Es liegen nun zwei Schlingen auf der Nadel.

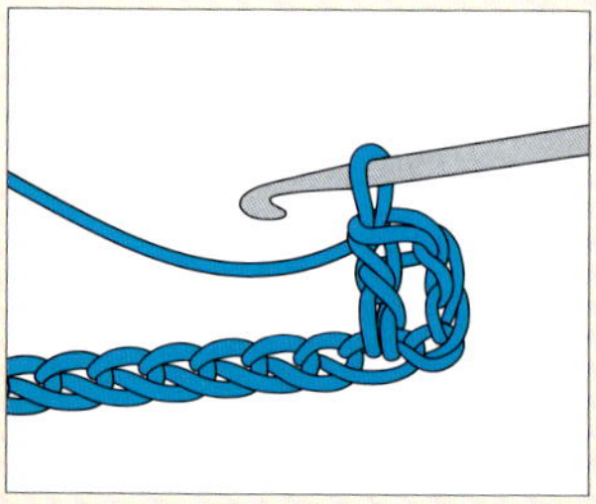

Den Faden nochmals holen und durch die restlichen zwei Schlingen ziehen. Das Stäbchen ist fertig.

DOPPELSTÄBCHEN

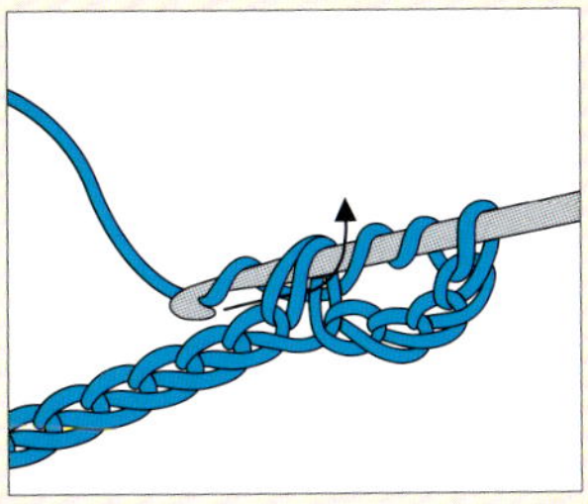

Zwei Umschläge um die Nadel legen und in die vorgesehene Masche einstechen. Den Faden um die Nadel legen. Diesen Umschlag durchziehen.

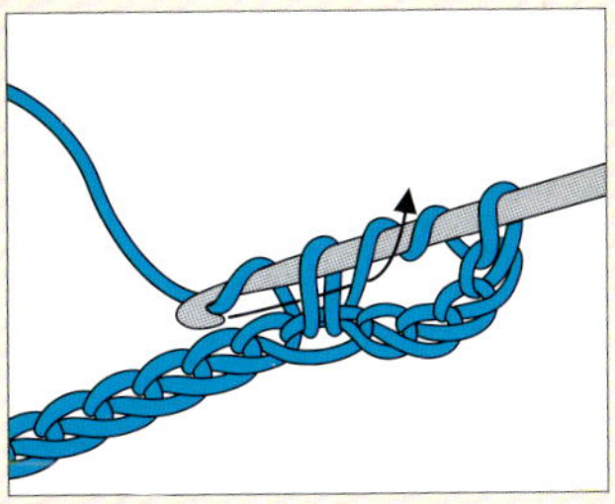

Es liegen nun vier Schlingen auf der Nadel. Den Faden wieder um die Nadel legen. Diesen Umschlag durch zwei der vier Schlingen ziehen.

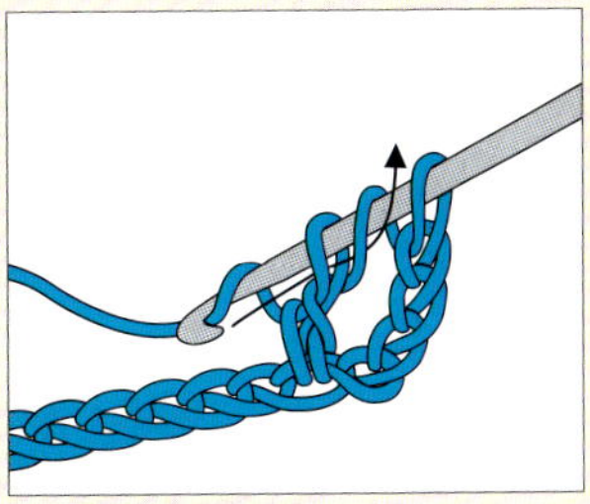

Es liegen nun drei Schlingen auf der Nadel. Den Faden wieder

um die Nadel legen. Diesen Umschlag durch zwei der drei Schlingen der Nadel ziehen.

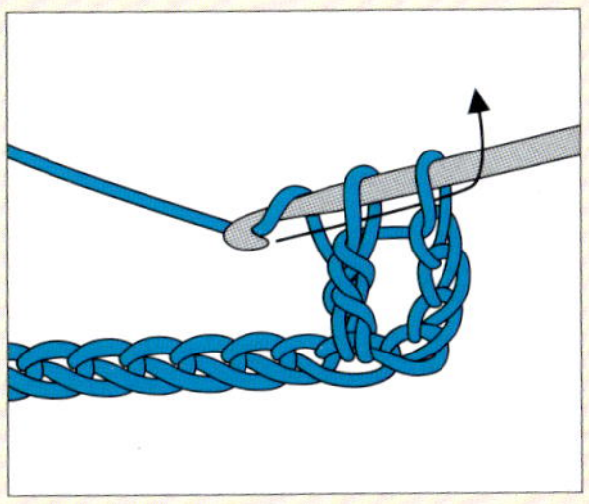

Den Faden noch einmal um die Nadel legen. Diesen Umschlag durch die letzten beiden Schlingen der Nadel ziehen.

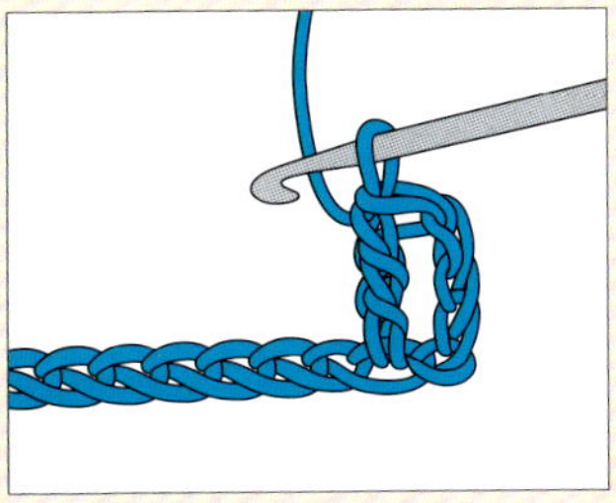

Das Doppelstäbchen ist fertig.

UNSICHTBARES ZUNEHMEN

Beim unsichtbaren Zunehmen arbeitet man die erste feste Masche nur in die vordere Maschenschlaufe und die zweite feste Masche dann wie gewohnt in beide Schlaufen gleichzeitig.

Achtung: Beim Häkeln in Reihen wird die erste feste Masche immer in die von außen sichtbare Maschenschlaufe gearbeitet. Pro Reihe wird also immer zwischen vorderer und hinterer Schlaufe gewechselt.

KNOPFLOCHSTICH

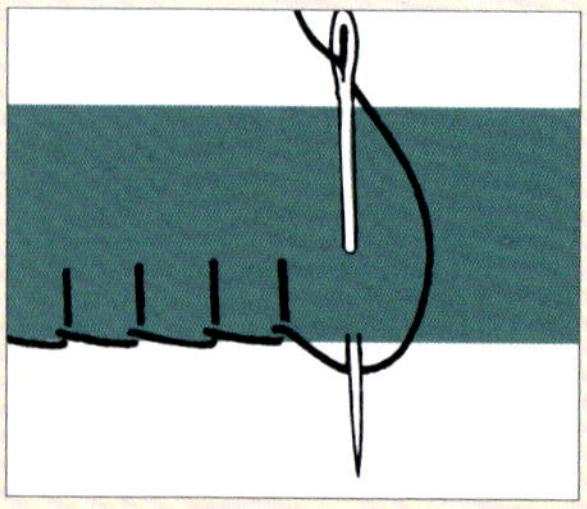

Die Sticknadel oben einstechen und am Rand des Knopflochs wieder ausstechen. Dann den Faden unter die Nadel legen und die Nadel durchziehen. Den Faden vorsichtig, nicht zu fest, anziehen.

UNSICHTBARES ABNEHMEN

Beim unsichtbaren Abnehmen wird die Häkelnadel zunächst durch die vorderen Maschenschlaufen der folgenden zwei Maschen gestochen und der Faden dann durch beide Schlaufen gleichzeitig geholt. Der Faden wird dann wie gewohnt durch die beiden Fadenschlingen, die sich nun auf der Häkelnadel befinden, gezogen.

Achtung: Beim Häkeln in Reihen wird die Abnahme immer in die von außen sichtbaren Maschenschlaufen gearbeitet. Pro Reihe wird also immer zwischen vorderen und hinteren Schlaufen gewechselt. Zu beachten ist hier weiterhin, dass beim Häkeln in die vorderen Schlaufen die Häkelnadel erst in die übernächste und dann in die nächste Masche gestochen wird.

ARBEIT BEENDEN

Endet die Arbeit mit einer Luftmasche, schneidet man den Faden einfach ab und zieht das Fadenende aus der Luftmasche, und dann fest.

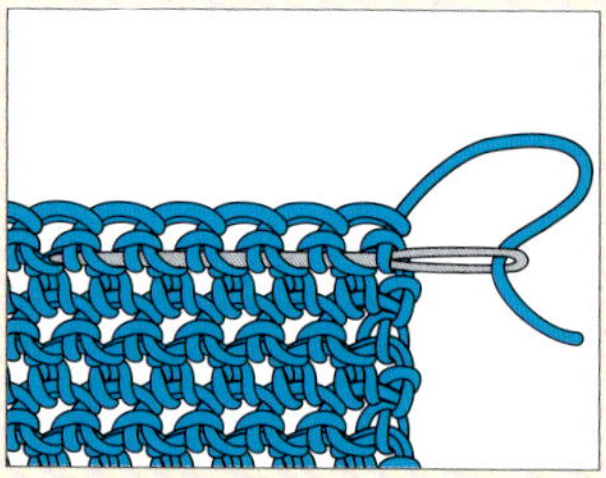

Falls angegeben, zum Vernähen das Fadenende in eine stumpfe Wollnadel fädeln und in die Randmaschen einziehen. Möglichst nicht durch das Garn stechen.

Endet die Arbeit mit einer Kettmasche, schneidet man den Faden ebenfalls ab und zieht ihn aus der Kettmasche. Danach
fädelt man den Faden von vorne durch die folgende Masche und dann von oben wieder durch die Kettmasche (= durch die hintere Schlaufe). Damit dies besser hält, das Fadenende nun zusätzlich noch durch die hintere Schlaufe der Masche in der darunterliegenden Runde fädeln.

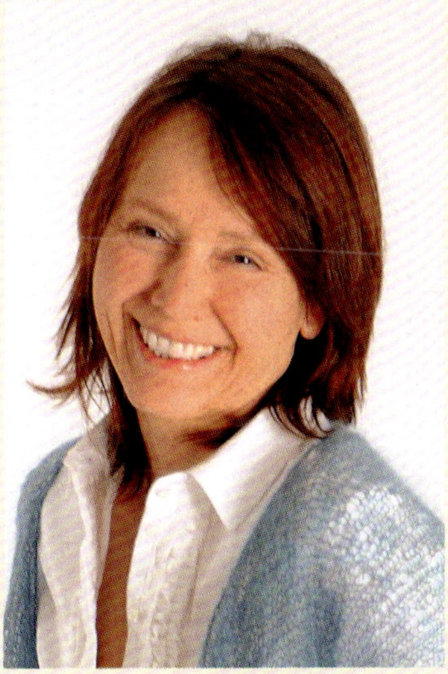

ÜBER DIE AUTORIN

SABINE RUF

Nach ihrem Modedesign-Studium mit Schwerpunkt Strick an der Fachhochschule für Textil in Reutlingen war Sabine Ruf als Redaktionsassistenz in einer Handarbeitsredaktion tätig. Seit 1984 ist sie selbstständige Modedesignerin für Handstrickmodelle. In ihrem Atelier entstehen Handstrick- und Häkelmodelle vom ersten Entwurf bis zum fertigen Produkt. Sie hat seit 2018 ein eigenes Label für eine Handstrickkollektion.

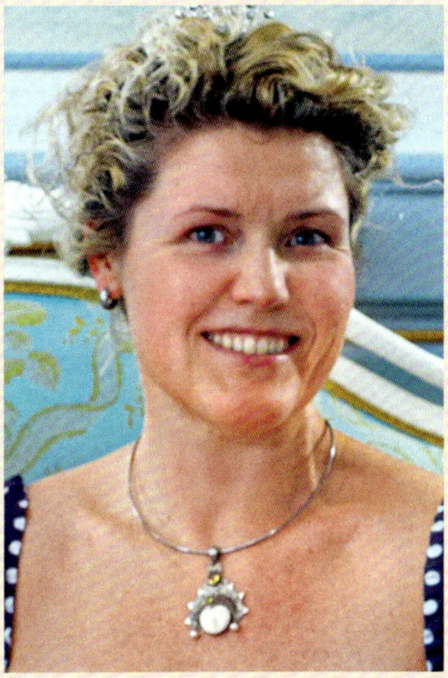

ÜBER DIE FOTOGRAFIN

ARINA MEŠČANOVA

Arina Meščanova ist seit über zehn Jahren im Bereich Food- und Modefotografie tätig. Sie lebt und arbeitet in Riga (Lettland), ist aber europaweit an Foto-Projekten beteiligt. Die Künstlerin lässt nicht nur ihre Leidenschaft für Kochen und Fotografie, sondern auch für das Reisen gerne in ihre Arbeit einfließen.

DANKE!

Mein Dank geht vor allem an die Garnfirmen Junghans Wolle, Lana Grossa, Rico Design und Woll Butt, die mir ihre superschönen Garne zur Realisation der Bucket-Hats zur Verfügung gestellt haben, und der Firma Prym für die Ausstattung meines Ateliers mit Häkelnadeln. Gehäkelt wurden die Modelle von meinen treuen und fleißigen Häklerinnen, ohne die es nicht möglich gewesen wäre, dieses Buch mit Modellen zu füllen.

Auch ihnen danke ich von ganzem Herzen für ihre Ausdauer, ihre Hingabe und ihre präzise Arbeit. Es hat mir sehr viel Spaß gemacht, an diesem Buch zu arbeiten. Lassen Sie sich inspirieren, gehen Sie auf Entdeckungsreise und greifen Sie zur Häkelnadel!

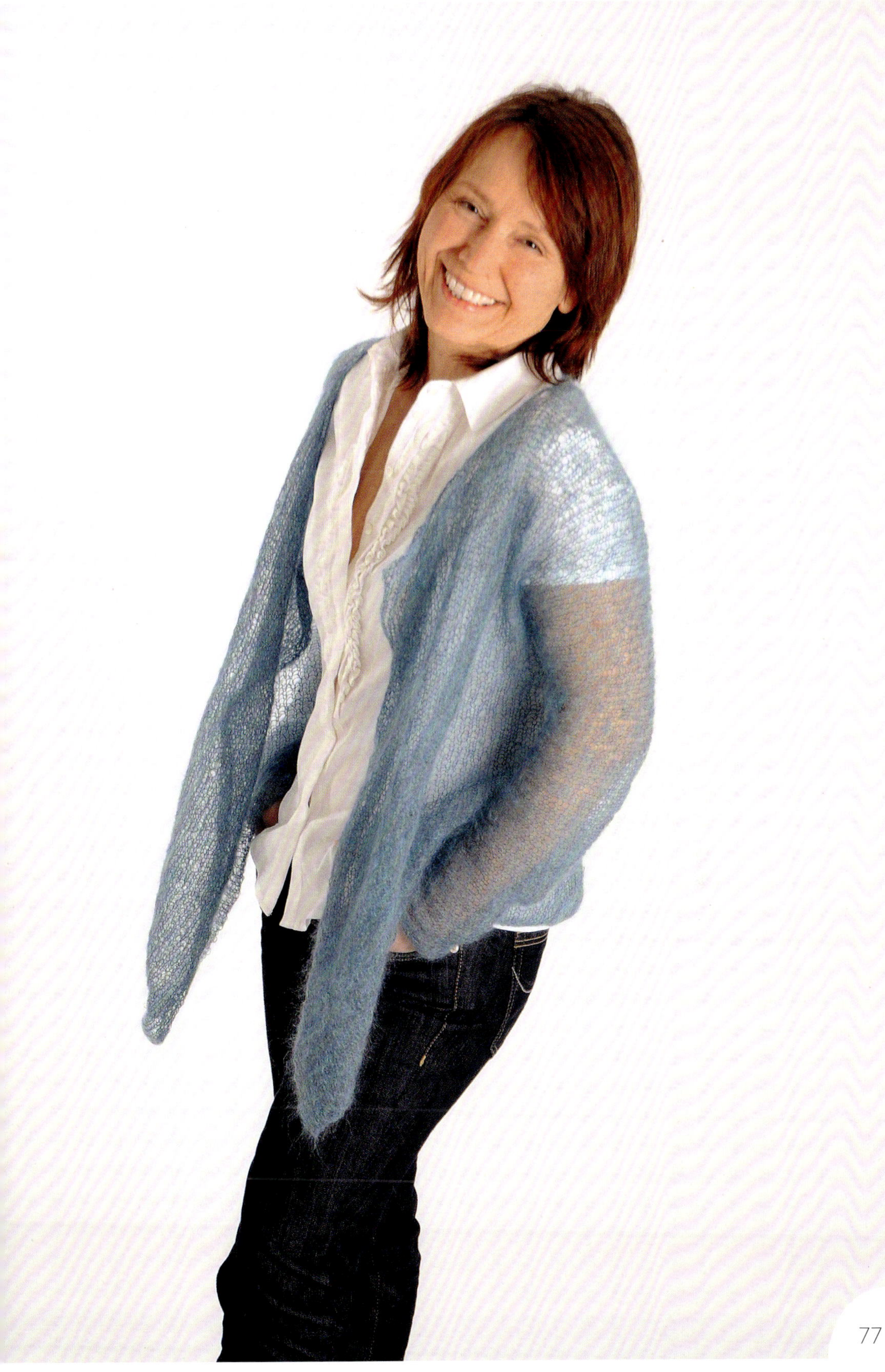

IMPRESSUM

Autorin: Sabine Ruf
Fotos & Styling: Arina Meščanova mit Ausnahme von Shutterstock: S. 2 Demetrio Zimino, S. 5 Kristina.D, S. 57 Alena Matrosova, S. 79 Krichevtseva;
Autorenfotos: S. 75/77 Sabine Ruf
Coverbild: Corinna Brix
Produktmanagement: Johanna v. Pechmann
Lektorat: Anna Maier
Korrektorat: Dr. Brigitte Schnock
Umschlaggestaltung: Regina Degenkolbe
Layout und Satz: Marcus Taeschner
Repro: LUDWIG:media
Herstellung: Julia Hegele
Printed in Türkiye by Elma Basim

Unser komplettes Programm finden Sie unter

www.christophorus-verlag.de

★★★★★

Sind Sie mit diesem Titel zufrieden? Dann würden wir uns über Ihre Weiterempfehlung freuen. Erzählen Sie es im Freundeskreis, berichten Sie Ihrem Buchhändler oder bewerten Sie beim Onlinekauf. Und wenn Sie Kritik, Korrekturen oder Aktualisierungen haben, freuen wir uns über Ihre Nachricht an Christian Verlag, Postfach 40 02 09, D-80702 München oder per E-Mail an lektorat@verlagshaus.de.

Herstellerverzeichnis:
Junghans Wollversand, Gut-Dämme-Str. 4, D-52070 Aachen, www.junghanswolle.de
Lana Grossa GmbH, Ingoldstädter Str. 86, D-85080 Gaimersheim, www.lanagrossa.de
Prym Consumer Europe GmbH, Zweifaller Str. 130, D-52224 Stollberg, www.prym-consumer.com
Rico Design GmbH & Co. KG, Industriestr. 19 - 23, D-33034 Brakel, www.rico-design.com
Woll Butt: über Buttinette, Industriestr. 22, D-86637 Wertingen, www.buttinette.com

Die Deutsche Nationalbibliothek verzeichnet diese Publikation in der Deutschen Nationalbibliografie; detaillierte bibliografische Daten sind im Internet über https://www.dnb.de/ abrufbar.

ISBN 978-3-8410-6739-5

Kreativ-Service

Sie haben Fragen zu unseren Büchern und Materialien? Wir beraten Sie gern rund um alle Kreativthemen. Rufen Sie uns einfach an. Wir interessieren uns auch für Ihre eigenen Ideen und Anregungen. Sie erreichen uns per E-Mail kreativ-service@c-verlag.de oder unter der Telefonnummer 0049-89-1306 99 577.

Besuchen Sie uns im Internet: www.christophorus-verlag.de & www.selbstgemacht.de

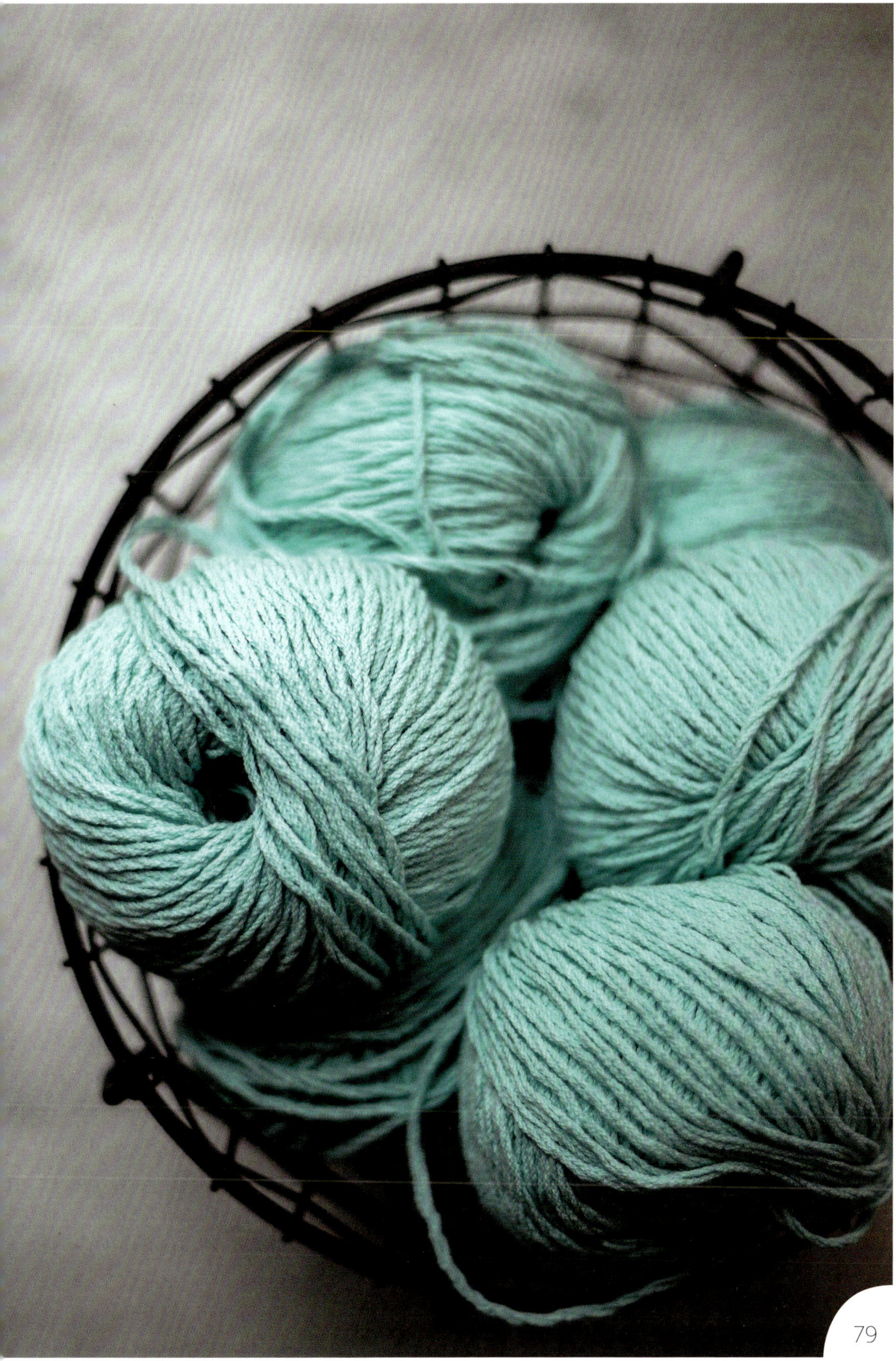

Ebenfalls erhältlich ...

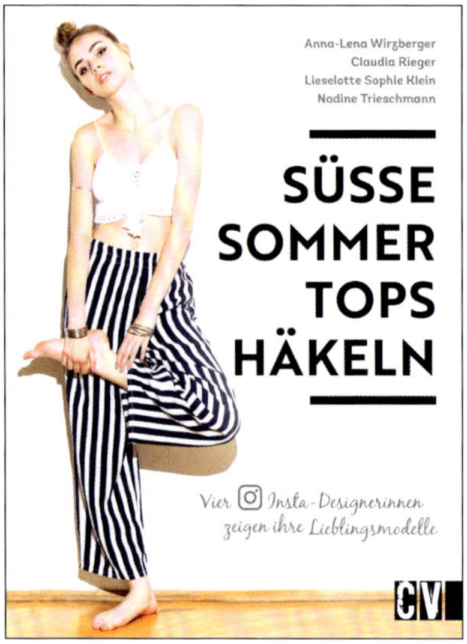

ISBN 978-3-8410-6743-2

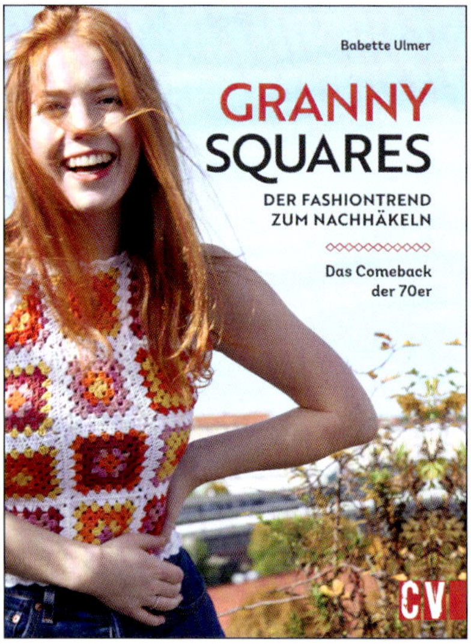

ISBN 978-3-8410-6724-1

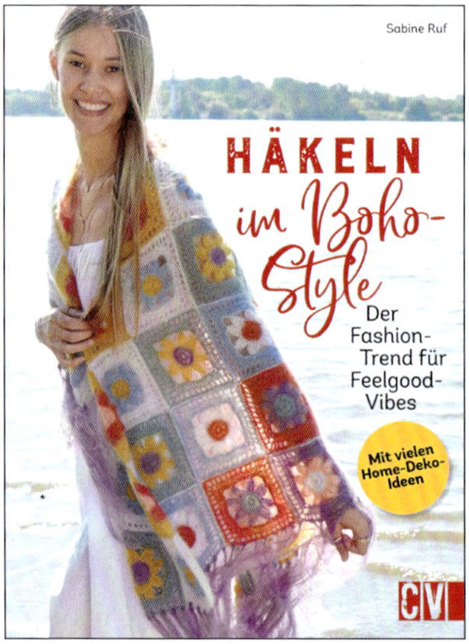

ISBN 978-3-8410-6682-4

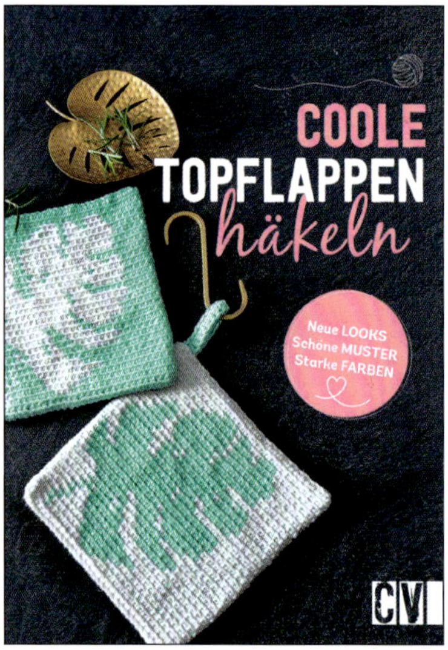

ISBN 978-3-8410-6705-0